OSAKA CITY
初歩から分かる
総合区・特別区・合区

冨田宏治・梶 哲教・柏原 誠・森 裕之=著
大阪自治体問題研究所=編

自治体研究社

はじめに

　本書は、大阪市民の前に再び立ちはだかった「大阪市解体のための住民投票」という維新政治の壁を、ひらりと飛び越すために、先ずは彼らの提案する制度の中身を知ろうというものです。特に、出版直前に体調を崩し病院という特殊な環境にいた私には、それらの情報を知る機会など全くなく、きっと多くの市民もそうであろうと思うと、焦りました。

　こんな状況の中で、「大阪市」という自治体が、一政党とそれに追随する政党の思惑で、解体されていっていいわけがありません。本書のような市民向け解説書の普及が、今ほど求められる時はないと強く思いました。

　大阪市のホームページを開いても、「大阪市を8区に割る」案は示されていますが、それ以上に市民が欲しい情報にはなかなか行きつきません。ほしい情報とは「そうまでして何を目指しているの」ということです。8区に割ったら、子どもの貧困問題は解決するの？若者の非正規化が解消するの？文化や教育が豊かに住みやすい街になるの？など、どんな大阪市を目指すのかという「都市の理念」が見えないのです。

　そこで、大阪市の担当局「副首都推進局制度企画担当」に聞いてみました。

　「区割り案とか、協議会のすすめ方などは出てきますが、いったい何をどうしようとしてるのか、目的や理念、全体像はどこを見ればわかりますの？市長は住民投票のことを言っておられますが？」

担当者さんは、「現在考えられている住民投票の計画案は、『特別区設置→都構想案』を提案し、住民のみなさんには『これに賛成か・反対か』の投票をお願いします。賛成多数なら、そのまま『大阪市を解体し大阪都構想・副首都化』にすすみます。反対多数なら既に決まっています『8区の総合区』にする準備をします。」と言います。
　それを、文章にしたものはないの？と聞くと、市長会見を見るしかない……と、なんともあやふやな実態です。
　そこで、市長会見（2017年3月23日）を要約します。
　「総合区の区割り制度について、今年（2017年）の8月を目途に詳細を決めるが、区長会議・市議会での議論を経て、行政の案としての8区にすると決めた。そこで、一般市並みの事務をやる。人口は30万人程度とし、区の格差を2倍以内に抑える。それから、合区、分区といった過去の歴史的な経緯を大切にする。鉄道網の接続、商業の集積、既存の工営所、公園事務所というものも最大に活用しながら、区割りを考える。それから、防災上の観点もしっかり考える。事務方で、行政案・素案をつくり、区長会議でも了承されました。区長からは、『住民に丁寧な説明を求める』とか、『やるべきだ』という意見が出ました。今後は、市議会の議論も経ながら、この区割り案をベースに、局と区の事務分担の整理や、職員の体制、庁舎の体制、そういった詳細案を示します。あわせて住民説明をしっかりしていく必要がある。概要は、A区は、福島区・此花区・港区・西淀川区。湾岸に福島区も入れて人口31万人規模。Bの東淀川区と淀川区も一つの総合区に人口35万人。Cは北区と都島区・旭区が一つの総合区で人口32万人。Dは、東成・城東・鶴見で人口35万人。Eは中央区・西区・浪速区・大正

区の4区で人口32万人。Fは、天王寺と阿倍野に生野をあわせて人口31万人。Hは、東住吉と平野区で人口が32万人。平野区は旧東住吉区から分区ということです。Gは、西成・住之江・住吉で人口が38万人。住之江は、旧住吉から分区しています。このように、人口であったり、様々な要素、視点を考慮して総合区の区割り案を作成いたしました。」と言うものです。この場では「目的や理念」の説明は、みじんもありません。

　今後は、市議会での議論がすすむと思いますが、「8総合区」か「特別区＝都構想」かが既成事実として、一人歩きしていることに、こわいなぁ～と思います。

　2年前、私たち大阪市民は「大阪市をなくさんといて」と必死に勉強し、知らせあいました。「わからんかったら反対しましょう」と訴えました。今回は、反対に成功し大阪市が残ったとしても、総合区の検討が待っています。住民投票の時期は、来年だと言われます。

　わけのわからない制度いじりを許してはいけないのです。大阪市にとって市民の無関心がいちばん有害です。

　本書は、4章から成り立っています。第1章は、都構想をめぐる問題の本質について、冨田宏治先生が2015年の住民投票を踏まえて「維新政治」が大阪にもたらせた問題を解き明かされます。第2章は、梶哲教先生が、盛んに飛び交っている「特別区」「総合区」など制度について、分かりやすく解説されます。第3章は、柏原誠先生が、今回の区割り案でも出てくる「合区」について想定される諸問題を指摘されます。そして、第4章は、森裕之先生が、アメリカの最新情報を通して、日本で・大阪で、住民自治を発展させるために私たちに何が問われているのか、と提起されて

います。

　本書は、大阪自治体問題研究所が、地方自治の危機に直面する大阪市民にむけ、総力をあげて書き下ろしたものです。地域で、職場で、グループで読み合わせ、質問をお寄せいただき、大阪市解体をストップする力にしていただきたいと心から願っています。

　　　　　　　　　　　　　　　編者を代表して　藤永延代

初歩から分かる 総合区・特別区・合区

目　次

はじめに ………………………………………………………… 藤永延代　3

第1章　都構想をめぐる問題の本質 …………………… 冨田宏治　9
　　　〜「維新政治」は大阪に何をもたらしたか〜
　はじめに　9
　　1　不寛容なポピュリズムと市民の分断　10
　　2　モンスター的集票マシンと化した大阪維新の会　17
　　3　新自由主義的改革の絵に描いたような失敗　21
　むすびにかえて　24

第2章　特別区・総合区とは何か ……………………… 梶　哲教　26
　はじめに　26
　その1　特別区とは何か──特別区と「都」構想　27
　　1　特別区制の特徴　28
　　2　「橋下都構想」と都構想のバリエーション　31
　　3　特別区制のメリット・デメリット　34
　　4　特別区設置＝都区制度移行の手続　38
　　5　特別区制導入の見通し　39
　その2　総合区とは何か　40
　　1　総合区の特徴と制度化の経緯　41
　　2　総合区制のメリット・デメリット　43
　　3　併行する総合区と特別区の導入準備　45

その3 地域自治区とは何か　46
 1　地域自治区の特徴と制度化の経緯　46
 2　地域自治区の問題点　48
 おわりに　49

第3章　合区の意味と問題点　………………………柏原　誠　50
 1　合区と総合区は異次元です　50
 2　大阪市の区役所の現状は？　55
 3　大阪市の8区総合区「区割り案」とは？　59
 4　大阪市の区の移り変わり　63
 5　合区の論点と今後の検討のプロセス　69

第4章　住民自治を発展させるために　………………森　裕之　76
  〜いま問われていること〜
 1　副首都推進局による「説明」の問題点　76
 2　政治と行政による「刷り込み」　79
 3　区政会議との矛盾　82
 4　大都市とコミュニティ　84
 5　住民自治の発展を　86

第1章 都構想をめぐる問題の本質
～「維新政治」は大阪に何をもたらしたか～

冨田宏治

はじめに

　冒頭で、特別区、総合区、合区をめぐる選択という問題を、大阪市民に突きつけようとしている政治的元凶としての「維新政治」について少しだけ論じておきます。

　2008年2月の橋下徹府知事の誕生、2010年4月の大阪維新の会の結党以来、いわゆる「維新政治」が大阪の街を席巻してきました。「維新政治」の1丁目1番地とも言うべき「大阪都構想」が、2015年5月17日の住民投票（大阪市における特別区設置についての住民投票）において反対多数で否決されたことによって、橋下徹前市長は第一線から退くこととはなったものの、同年11月の府市ダブル選挙で、吉村市長、松井知事が圧勝し、「維新政治」は継続することとなりました。

　ダブル選後の「維新政治」は、地下鉄の民営化を強行し、さらには水道や卸売市場の民営化を企てるなど、「官から民へ」の市場原理主義路線にいっそう拍車をかけるとともに、夢洲でのカジノ万博開催へと突き進もうとしています。同時に、「副首都」構想という名のもとに「大阪都構想」への再チャレンジを画策し、政令

市としての大阪市を廃止して特別区へと分割する手続きを進めるため、府市両議会のもとに「法定協議会」を設置して、再び「特別区設置のための住民投票」へと持ち込もうとしています。

　橋下知事の登場からおよそ10年……。「維新政治」は、大阪の街に何をもたらし、何を残したのでしょうか？

　この章では、この問いに3つの点から答えたいと思います。それは、

①「維新政治」という不寛容なポピュリズムがもたらした市民の分断。それに対する寛容とリスペクト（尊敬・敬意）の政治、すなわち「オール大阪」の名のもとでの市民と政党の共同の展開。

②モンスター的な集票マシンへと変貌した大阪維新の会。それに対抗すべき「オール大阪」の組織的な脆弱性。

③新自由主義的＝市場原理主義的改革の絵に描いたような失敗とますます深刻化する大阪府の財政危機。追い詰められた結果の起死回生の打開策としての「都構想」と夢洲カジノ万博。

　以上の3点を明らかにすることを通して、カジノ万博開催や「都構想」への再チャレンジの企てを阻止し、「維新政治」を打ち破って、これに終止符を打つ政治的な展望を明らかにして行くことができればと思います。

1　不寛容なポピュリズムと市民の分断

(1) 不寛容なポピュリズム

　トランプ米大統領の就任とその後の振る舞いを目のあたりにして、多くの大阪府民・市民は奇妙なデジャブ（既視感）に襲われた

ことでしょう。そうです。橋下徹氏のそれと瓜二つだったのです。トランプ氏やフランスのル・ペン氏などに代表される不寛容なポピュリズムが、いまや世界の政治を席巻するかの勢いを見せていますが、大阪府民と大阪市民は、すでにその何年も前から橋下徹氏という稀代のポピュリストの洗礼を受けてきたのです。

　不寛容なポピュリストが跋扈(ばっこ)する背景には、1990年代半ば以降の市場原理主義に基づくグローバル化が、この世界に言語に絶する貧困と格差の拡大をもたらしてきたという重い現実が横たわっています。ビル・ゲイツ氏はじめ世界の富豪8人の資産が、下位36億7500万人の総資産を上回るという富の偏在。そして米国では、上位1％の総資産が下位90％の総資産を上回ったといわれます。日本でも上位40人の総資産が下位50％の世帯が持つ資産を上回っているのです。

　貧困と格差の拡大は、少しだけマシな暮らしを享受してきた中間層を崩壊させ、その境遇を不安定なものとするとともに、「自分たちばかりが重い税を負担しているのに何の恩恵も受けることなく、税金を納めていない貧乏人や年寄りたちに、自分たちの税が食い潰されている」という被害妄想に似た重税感を広げます。厳しい市場競争に晒(さら)され、いつ自分が貧困層に転落するかわからないという不安や、こうした被害妄想的な重税感が相俟(あいま)って、中間層の中に不寛容なポピュリストへの期待と妄信が広がります。

　中間層は、自らの不安の原因を、真の敵である市場原理主義にではなく、移民、難民、民族的・宗教的マイノリティ、障がい者、性的マイノリティなどに、さらには生活保護受給者をはじめとする貧困層や高齢者層に求め、「あいつらのせいで、こんなことになったのだ」という憎悪を抱き始めます。そして、こうした憎悪を

あえて煽り立て、不寛容とヘイト（憎悪）を事とするポピュリストに現状打破を期待するようになるのです。

このとき不寛容の相手は、叩きやすいものであれば誰でもかまいません。フランスのル・ペン氏のように、その矛先を移民にだけではなくエリートに向けることもあるのです。橋下徹氏が府市の公務員組合や教員組合の皆さんにその矛先を向けたことも、記憶に新しいところです。

ポピュリストたちは、人びとの間にある「違い」をことさらに暴き立てます。そして、自分たちと違うものに対する憎悪と排斥の感情を煽り立て、「敵」を徹底的に叩くことで喝采を浴び支持を集めようとするのです。彼らを不寛容なポピュリストと呼ぶ所以（ゆえん）です。

そこでは、自由や人権、個人の尊厳は、タテマエとして紙屑のように踏みにじられ、真実を語らなければならないという道義すらゴミ箱に投げ入れられます。タテマエに依らず、フェイク（偽物）やデマに満ちた言動で、「敵」を激しく攻撃する「本音で語るマッチョなリーダー」が跋扈することになるのです。

大阪における「維新政治」がトランプ大統領やル・ペン氏を先取りする不寛容なポピュリズムであったことは、もはや言うまでもないでしょう。

(2) 不寛容なポピュリズムとしての「維新政治」

トランプ氏やル・ペン氏を先取りするような不寛容のポピュリズムがこの大阪の街に跋扈したのは、市場原理主義とグローバル化の進展とともに東京一極集中が進む中、大阪経済がかつての輝きを失い、相対的な衰退に陥ったことが大きかったように思いま

す。

　不寛容なポピュリスト・橋下徹氏は、財政再建、「官から民へ」、「身を切る改革」、統治機構改革といったスローガンを掲げる改革者として自らをアピールするとともに、憎悪とヘイトの矛先を教員を含む府市の公務員とその組合へと向けました。「自分たちが納めた税金をシロアリのように食い潰す公務員たち」に向けられた憎悪とヘイトに、閉塞感と被害妄想的重税感にとらわれた中堅ホワイトカラーをはじめとする中間層が熱烈な喝采と強固な支持を寄せていきました。

　「閉塞感に駆られた若年貧困層」が橋下徹氏と「維新政治」を支持したという幻想がある種の都市伝説にすぎなかったことは、2015年5月の住民投票の結果からも明らかになりました。「維新政治」のコアな支持層は、大阪市北部の高層タワーマンション群に住むような30代から50代の中堅ホワイトカラー層にほかならなかったのです（この点についての詳細な分析は、宮本憲一・冨田宏治他『2015秋から大阪の都市政策を問う』「第1章、住民投票から見えたこと」自治体研究社、2015年を参照）。

　「維新政治」の憎悪とヘイトの矛先は、公務員だけに向けられたわけではありません。藤井聡・京大教授や薬師院仁志・手塚山学院大教授らを「バカ学者たち」呼ばわりするヘイト。住民投票での敗北直後、辛抱治郎氏らが煽った「シルバーデモクラシーによって、若者の夢を年寄りが潰した」という高齢者に対するヘイト。日本維新の会から衆議院千葉1区に擁立される予定のフリーアナウンサー・長谷川豊氏による「自業自得の腎臓透析患者なんて、全員実費負担にさせよ！無理だと泣くならそのまま殺せ！」という極めつけのヘイトなど、枚挙にいとまがありません。

こうしたヘイトにヤンヤの喝采を送る「維新政治」のコアな支持層と、こうした憎悪とヘイトを潔しとしない市民たちとの間には、「維新政治」以前にはあり得なかった深刻な対立と分断がもたらされることとなりました。市民の間に広がった亀裂と分断。これこそが、不寛容なポピュリズムとしての「維新政治」が大阪の街にもたらしたものなのです。

(3) 住民投票が拡大した遺恨と分断

　2015年の「大阪都構想」を問う住民投票は、大阪市民の間に広がった亀裂と分断をいっそう深め、ほとんど修復不能なまでに深刻化させてしまいました。

　「多数決こそが究極の民主主義だ」と公言して憚らない橋下徹氏は、熟議の府としての大阪府議会と大阪市議会の結論を、首相官邸や創価学会本部の介入による公明党府議団・市議団の不可解な方針転換を引き出すことによって覆し、「大阪都構想」を熟議を伴なうことなく、住民投票という多数決に付しました。

　しかし住民投票の結果は、橋下氏の目論見に反して、66.83％という高投票率のもと、賛成69万4844票、反対70万5585票となり、1万0741票の僅差ではあるものの、反対派の勝利に終わりました。この結果、橋下氏は政界からの引退を余儀なくされ、不寛容のポピュリズムとしての「維新政治」は大きな挫折に見舞われることとなったのです。

　橋下氏が言うように「多数決が究極の民主主義である」のであれば、たとえ負けたとしても、住民投票という多数決の結果に従い、否決された「大阪都構想」はお蔵に入れて封印すべきでしょう。しかし、松井知事と吉村市長は、自分たちが2015年11月の

府市ダブル選に勝利したことを理由に、「都構想」への再チャレンジを標榜し、「特別区設置のための法定協議会」の設置と住民投票の実施に向けて走り出しているのです。自分たちが勝つまでは、何度でも住民投票にチャレンジするというのでは、まるで子どもの「勝つまでジャンケン」ではありませんか。

　しかしそれも、ある意味当然のことなのかも知れません。何故なら、熟議を伴わない多数決とは、そもそもそういうものなのです。熟議を伴わない多数決は、必ず遺恨と分断を残します。勝っても負けても遺恨が残ります。分断が残ります。だから「もう一度」となるのです。

　私たちは、「民主主義の本質は多数決などではなく、熟議である」と主張して、橋下氏の「多数決こそが究極の民主主義だ」という議論を批判してきました。

　市民を分断し、憎悪を煽ることで支持と喝采を集めようとする不寛容のポピュリスト＝橋下徹氏にとっては、たしかに遺恨と分断を残す多数決こそが「究極の民主主義」なのかも知れません。

　しかし、市民の間に多様な意見の相違が存在することを前提として、お互いの意見を尊重しながら熟議を尽くし、一致点や妥協点を探って誠実な議論を重ねることで最大限の合意形成を図ること。これこそが民主主義の本質である熟議というものです。

　もちろん、熟議を尽くした結果、どうしても全員一致の合意が形成できないこともあるでしょう。そうした時には、最後の手段として、あるいは熟議の失敗の結果として、多数決を行う必要があることまでは否定できません。しかしその場合も、少なくとも多数決の結果には「恨みっこなし」で従いましょうという最低限の合意が必要です。そうしなければ、遺恨と分断が残ってしまう

からです。

「都構想」の再チャレンジが企てられるのは、住民投票が熟議を伴わない多数決として強行されたからです。必要なのは熟議だったのです。住民投票という熟議を伴わない多数決が、市民の間に深刻な亀裂と分断、遺恨を残してしまったからこそ、「勝つまでジャンケン」のようなことになってしまっているのです。

(4) 寛容とリスペクトの政治としての「オール大阪」

不寛容なポピュリズムとしての「維新政治」は、大阪府民、市民の中に深刻な対立と分断、亀裂と遺恨を残してしまいました。しかしその一方で、「維新政治」に反対する市民の間には、これまでに経験したことのない連帯と共同の絆がつくり出されました。広範な市民と、自民党から共産党までの諸政党が、政治的立場や意見の違いを超えて、「維新政治」への対抗と「大阪都構想」反対で一致して行動した「オール大阪」の共同です。

住民投票を反対派の勝利に導いたものが、この「オール大阪」の共同の力であったことは誰にも否定できないことでしょう。府市ダブル選挙では、この「オール大阪」の共同に冷たい隙間風が吹き荒れ、十分な共同の力を発揮することができないという試練にも晒されましたが、不寛容なポピュリズムに対抗するには、広範な市民と諸政党が、お互いの立場や意見の違いを尊重しながら、一致する点で共同するという寛容とリスペクト（尊敬・敬意）の政治に習熟していく以外にないという認識が、実体験を通じて多くの市民に共有されてきたのは確かです。

「不寛容なポピュリズム」に対しては、「寛容とリスペクトの政治」を対置していくしかない。それはアメリカ大統領予備選で一

大旋風を巻き起こしたバーニー・サンダース氏の闘いや、メディアの下馬評を覆して極右ポピュリストの台頭を阻んだオーストリアの大統領選挙やオランダの総選挙、さらにはル・ペン氏の当選を阻んだフランス大統領選挙にも共通して見られることなのです。オーストリア大統領選で当選したファン・デア・ベルン氏の語った「これは不寛容に対する寛容の勝利だ」という言葉、これこそが不寛容なポピュリズムと闘う世界中の市民が共有すべき教訓に他ならないのです。

　大阪における（その最初の共同の経験は堺市において生み出されたのですが）寛容とリスペクトの政治——「オール大阪」の共同の経験もまた、10年にも及ぼうとする「維新政治」が大阪の街に残したものだといってもよいでしょう。

2　モンスター的集票マシンと化した大阪維新の会

(1) 2016年参院選大阪選挙区で

　住民投票の敗北によって、稀代のポピュリストともいうべき橋下徹氏が第一線を退いて、さすがの大阪維新の会も失速するに違いあるまいとの期待が広がりました。しかしこの期待は、2015年11月の府市ダブル選挙と翌2016年7月の参議院議員選挙の結果によって、見事に裏切られることとなりました。

　とりわけ、参議院大阪選挙区で大阪維新の会が2議席を確保したことは、少なくとも大阪の地において、もはや維新の会は橋下徹氏のポピュリスト的な煽りに依存する「風頼み」の勢力などではけっしてないということを明らかにしました。大阪維新の会は、結党から6年を経るなかで、いつの間にか強固な支持基盤を組織

的な投票へと動員することのできるモンスター的集票マシンに変貌していたのです。

　全国政党としての「おおさか維新の会」が2016年参議院の比例区で獲得した得票はわずか513万票にすぎず、橋下氏率いる「日本維新の会」が2012年の衆議院総選挙の比例区で獲得した1226万票の半分以下に止まりました。「維新の会」には、もはやかつてのような勢いがないのも事実です。しかし、こと大阪に限っていえば、それほど単純ではありません。

　大阪選挙区での大阪維新の会の得票は、139万7214票。府市ダブル選挙で松井府知事が獲得した203万票に比べれば60万票も減らしています。しかし、このおよそ140万票が、浅田均候補に72万7495票、高木佳保里候補に66万9719票と見事に2つに割られているのです。これほど見事な票割りができたからこそ、維新の会は2議席を獲得できたのです。もしどちらかが100万票を集めていれば、もう一方は間違いなく落選していたからです。

　そもそも大阪維新の会が、公示直前になって2人目の候補者として高木佳保里氏を擁立したのは、菅官房長官から松井府知事に対する強い要請があったからだといわれています。しかも高木候補は、参院選直前まで自民党の堺市議だった人物です。浅田候補と高木候補との不仲も噂されていました。そんな高木氏と維新の創立メンバーの一人である浅田氏とに見事に票を割り振ったのです。こんな芸当がどうして可能だったのでしょうか。

　当初は、府の北部は浅田候補、南部は高木候補という地域割りが試みられたようですが、それが上手くいかないと分かると、大阪府議は浅田候補、大阪市議と堺市議は高木候補を支援するというように議員集団を2つに割って競わせるという方法がとられた

ようです。それにしても、こんなやり方で票を2分することができるとは、どういうことなのでしょう。

(2)「ブラック政党ですわ」とのボヤキ

　5億円とも10億円ともいわれる巨費を投じて、テレビCM、新聞折り込み、オーロラビジョン搭載のトレーラーなど宣伝カー300台の投入など、ド派手な宣伝戦を展開した住民投票とは打って変わって、府市ダブル選挙や参院選での大阪維新の会の選挙戦は地味で目立たぬものでした。

　しかし報道（『産経新聞』2015年11月30日）によれば、私たちの目の届かないところで、大阪維新の会は凄まじいまでの組織戦を展開していたのです。大阪府下と近辺選出の国会議員、府会議員、市会議員、町村会議員、総勢百数十人が、1人1日600電話、300握手、10辻立ちのノルマを課せられ、幹部による抜き打ちの巡回点検などを通じて、ノルマ達成を日々強いられていたというのです。ある所属議員が「ブラック政党ですわ」と自嘲気味にボヤくほどのものだったといいます。

　百数十人の議員が1日600電話ということは、延べで毎日8万本もの電話が掛けられていたことになります。これほど多くの電話が掛けられていたわりに、他党派の活動家からは不思議なほど、維新からの電話があったという話を聞きません。無差別電話を掛けまくっているわけではなさそうです。どのような名簿に基づいて掛けているのかは定かではありませんが、しっかりとした支持者名簿が議員ごとに整備されている可能性が高いといえます。

　参院選で、議員それぞれの名簿に沿った1日8万本の電話を通じて、「浅田に入れて欲しい」「高木に入れて欲しい」という依頼

が飛んでいた。そのように考えれば、浅田候補と高木候補への見事なまでの票割りが成功した理由が解るように思います。

　これが大阪維新の会の強さの本当の理由ではないでしょうか。大阪維新の会は、いまやモンスター的な集票マシンへと変貌したのです。10年弱の「維新政治」が大阪の街にもたらしたのは、こうしたモンスター的集票マシンと化した一つの政治勢力だったのです。

　大阪維新の会のモンスター的集票マシンへの変貌は、橋下徹氏という稀代のポピュリストがもたらした府民・市民の分断を固定化するものに他ならないのです。

(3)「オール大阪」の組織的脆弱さ

　それでは、「維新政治」に対抗する市民と諸政党の共同としての「オール大阪」は、モンスター的集票マシンへと変貌した大阪維新の会と良く闘い得るのでしょうか。

　「オール大阪」の側には、大阪維新の会が強固で組織的な集票マシンに変貌したという認識すら欠けているように思います。組織戦には組織戦を、陣地戦には陣地戦を……。モンスター的集票マシンと化した大阪維新の会を撃ち破り、「大阪都構想」への再チャレンジや夢洲カジノ万博を阻止していくには、そして大阪府政・大阪市政を市民の手に取り戻していくためには、大阪維新の会をしのぐ組織的力量を「オール大阪」の側が身につけていかなければなりません。

　「オール大阪」にとって、この点が大きく立ち遅れた課題となっていることは残念ながら否定できません。「オール大阪」の共同を日常的に推進する市民と諸政党の共同組織を創り上げ、地を這う

ような対面的政治対話を繰り広げることのできる態勢を構築していくことが急務となっているのではないでしょうか。

3 新自由主義的改革の絵に描いたような失敗

(1) 深まる大阪府の財政危機

橋下徹氏は、財政危機に陥った大阪府の財政再建を断行するという旗を掲げて、府知事に当選しました。稀代の不寛容なポピュリスト・橋下氏と「維新政治」の原点は、緊縮政策による財政再建だったのであり、「官から民へ」「身を切る改革」というスローガンの下に展開された新自由主義的な行財政改革こそが、「維新政治」の本来の1丁目1番地だったのです。

それでは、橋下徹氏、松井一郎氏と2代続いた維新府政は、果たして府の財政再建に成功したのでしょうか。

彼らはいろいろな手練手管を用いて、財政再建が進んだかのような主張を繰り返してきましたが、大阪府の財政は再建どころかますます悪化し、財政危機はこの間、いっそう深刻化したのです。

このことは、2011年度決算で大阪府の実質公債費比率が18％を超え、2012年以来今日に至るまで、府債の発行に総務大臣の許可が必要とされる起債許可団体へと転落していることから見ても、誰も否定し得ない事実です。ちなみに2015年度決算における府の実質公債費比率は19.4％です。初めて起債許可団体に転落した2011年度の18.4％からさらに1ポイント悪化しています。これは、橋下氏、松井氏がどう言い繕おうと厳然たる事実です。

緊縮財政を強行したのに財政危機をいっそう深めた。これはいったいどうしたことなのでしょうか。それは「維新政治」が、新

自由主義的改革のまるで絵に描いたような見事な失敗例にほかならなかったということです。

(2) 新自由主義的緊縮政策の帰結

　橋下氏、松井氏と2代続いた維新府政は、府の財政再建のための緊縮政策として、府民の生活に直結した医療、福祉、教育、子育て、中小企業支援などの財政支出をつぎつぎと削減していきました。その額は2008年からの7年間で1551億円です。平均すると毎年220億円の支出を削減した計算になります。

　しかし、このようにして府民生活を支える財政支出をカットしたのに、大阪府の財政は再建どころかいっそう危機を深刻化し、同じ7年間で、府債（府の借金）の残高を5兆8288億円（2007年度）から6兆4136億円へと、5848億円も増加させてしまったのです。この結果、大阪府は2012年に起債許可団体に転落してしまったことは、先に述べた通りです。

　年間220億円もの支出カットを強行しながら、なぜ膨大な借金を重ねなければならなかったのか。それは、大阪府の収入つまり税収が劇的に減少してしまったからです。2007年には1兆4260億円あった税収が、2014年には1兆2021億円にまで2239億円も減少しているのです。年間220億円の支出削減をしたのに、その10倍の年間2200億円もの税収減があるのですから、財政再建などできるはずがありません。

　どうしてこんなことになったのでしょうか。実は当然のことなのです。府民の生活や大阪経済を支える中小企業支援の財政支出を大幅にカットしたために、府民の消費は冷え込み、中小企業の経営は悪化して、大阪経済はこの7年間にますます停滞を深めた

のです。その結果、府内の貧困と格差はいっそう拡大し、府民の担税力は急激に低下してしまったのです。

　新自由主義的な緊縮政策が市場競争を活性化させ、経済成長をもたらして、税収を増加させるという理屈は机上の空論であり、幻想でしかありません。緊縮財政は当然のこととして、経済のさらなる停滞を招き、貧困と格差を拡大します。税収を減少させて、財政危機を深刻化させるだけなのです。「維新政治」は、新自由主義的改革の絵に描いたような失敗例だったのです。

(3) 起死回生の打開策――「大阪都構想」と夢洲カジノ万博

　「維新政治」が、自らの失政が招いた大阪府の深刻な財政危機と大阪経済の停滞を糊塗するために、起死回生の打開策として打ち出したのが、①「大阪都構想」と②夢洲カジノ万博です。

　①　2015年5月の住民投票で否決された「特別区設置協定書」を見れば明らかなように、「大阪都構想」とは、豊かな財源と強い権限を有する政令指定都市としての大阪市を廃止して、きわめて限られた財源と権限しか持たない府の従属団体としての特別区へと分割するものでした。そこで注目しなければならないのは、大阪市の廃止と特別区への分割を通じて、これまで大阪市に帰属していた大阪市民からの税収のうち、特別区に配分されるのは一部にすぎず、年間二千数百億円もの税金が府に吸い上げられる仕組みになっているということです。

　「維新政治」が新自由主義的緊縮政策という自らの失政で、年間2200億円の税収減という府財政に空けた大穴を、大阪市を廃止・解体することで埋め合わせる。「大阪都構想」なるものの隠された狙いがここにあることは、疑う余地もありません。大阪維新の会

が、再チャレンジしてまで「大阪都構想」にこだわるのは、これが自分たちの失政のツケを大阪市民につけ回すという起死回生の打開策にほかならないからです。

②　夢洲カジノ万博については多くを語る必要はないでしょう。本書に続いて、夢洲カジノ万博について考えるブックレットも準備されています。問題なのは、「維新政治」が自ら招いた大阪経済の長期停滞をカジノと万博によって打開しようという、その頽廃(たいはい)ぶりです。この一つだけをとっても、「維新政治」の反府民・反市民的な本質が明白に表れているのではないでしょうか。

むすびにかえて

「維新政治」は、「大阪都構想」への再チャレンジとして、大阪市民に、総合区、特別区、合区をめぐる選択を迫ろうとしています。この選択は何を意味しているのか。そもそも、総合区、特別区、合区とは何なのか。以下の章で明らかにしていきますが、この選択に対する賢明な対応を行うためにも、選択を市民に突きつけてくる「維新政治」とは何ものなのかを知ることが必要です。

①「維新政治」という不寛容なポピュリズムがもたらした市民の分断。それに対する寛容とリスペクトの政治、すなわち「オール大阪」の名のもとでの市民と政党の共同の展開。

②モンスター的な集票マシンへと変貌した大阪維新の会。それに対抗すべき「オール大阪」の組織的な脆弱性。

③新自由主義的＝市場原理主義的改革の絵に描いたような失敗とますます深刻化する大阪府の財政危機。追い詰められた結果の起死回生の打開策としての「都構想」と夢洲カジノ万博。

この章では、上記3つの視点から10年に及ぼうとする「維新政治」が大阪の街にもたらしたもの、残したものを明らかにしたつもりです。
　「維新政治」が、なぜここまで執拗に「大阪都構想」、つまり政令市としての大阪市の廃止と特別区への分割にこだわるのか。そのことを十分に理解した上で、突きつけられようとしている選択に賢明に向き合っていきましょう。

第2章 特別区・総合区とは何か

梶　哲教

はじめに

　2017年6月、「大阪都」構想の実現をめざす新たな法定協議会の設置が決まりました。これは、「都」構想の実現に向けた正規の手続が再びスタートしたことを意味します。

　2015年5月、「大阪都」構想の是非を問う住民投票が実施され、僅差ながら否決の結果でした。しかし同年11月、大阪市長選・府知事選のダブル選挙が実施され、「都」構想を主導した橋下徹大阪市長は引退しましたが、後継者である吉村洋文候補が新市長に当選し、同じく維新の会から立候補した松井一郎知事も再選しました。両候補はこのときに「大阪都」構想を公約としていたことから、当選後、「都」構想が改めて大阪府民・市民の支持を得られたとして、再びその実現をめざす方針を表明していました。

　他方で、大阪市に「総合区」の制度を導入する準備も進められています。2016年7月、大阪市と大阪府が合同で設立した「副首都推進本部」で、『大阪における総合区の概案』という文書が作成され、2017年3月には大阪市内の現行24区を「総合区」8区に再編する案が公表されています。このように、現時点では、「総合

区」の導入が「都」構想と併行して検討されています。

　住民投票で否決された「都」構想は、これまで存在してきた「大阪市」を廃止し、代わりに「特別区」5区を新たに設置するという案でした。新たな「都」構想も、具体的なことは未定ながら、「大阪市」を廃止して「特別区」を設置しようとする点は同じです。しかし、「総合区」と「特別区」とはどこが違い、なぜ両方の導入準備が併行しているのでしょうか。また、これらは大阪市に現在24ある「区」とはどう違うのでしょうか。

　以下では、「特別区」や「総合区」の制度を導入することがどのような意味をもつか、とくに法学的な観点から検討・説明します。憲法が定める「地方自治の本旨」という原理は、通常、団体自治と住民自治という2つの原理に分けて説明されます。大まかに言えば、団体自治とは地方分権とりわけ地方の自主性・独立性の尊重を意味し、住民自治とは地域において民意を政治行政に反映させるべきことを意味します。このような2つの観点から、総合区や特別区の制度に注目し、問題点を整理したいと思います。

その1　特別区とは何か——特別区と「都」構想

　まず、誤解や混乱を避けるため確認しておきますが、「都」構想とは、まさに「特別区」を導入する構想です。

　2015年5月の「都」構想の住民投票も、「大都市地域における特別区の設置に関する法律」に基づいて実施された、「大阪市における特別区の設置についての投票」でした。ただ、注意すべきは、設置する「特別区」の数や区割りの仕方をはじめ「都」構想の制

度設計にはさまざまなやり方が考えられ、住民投票で否決された「都」構想はその一案にすぎないということです。

　以下では、否決された「都」構想を主唱者の名を冠して「橋下都構想」と呼び、それとは異なるさまざまな「都」構想を含めて、大阪市を中心とした地域に特別区を設置しようとする構想を「大阪都構想」と呼ぶことにします。

1　特別区制の特徴

(1) 特別区は独立した地方自治体

　特別区制の実例としては、今のところ、東京の23区（千代田区、新宿区、品川区など）のみがこれに該当します。大阪市・神戸市・京都市などにも「区」はありますが、これは政令指定都市に置かれるもので、行政区と呼ばれます。行政区は、大阪市など地方公共団体の中の区域区分にすぎず、独立の法人格を持っていません。それに対して、特別区は地方自治法では「特別地方公共団体」とされていて（同法1条の3第3項）、それぞれが地方公共団体としての独立性をもっています。それが特別区の第一に挙げられる特徴です。

　その反面、東京23区の区域については、「普通地方公共団体」である市町村は置かれていません。東京都内にも、三鷹市とか八王子市などの市、そして町村もありますが、23区の区域では、いわば市町村の代わりに特別区が設置されているのです。

(2) 担当する事務の範囲は「市」より狭い

　現在の特別区は、市町村と同じく「基礎的な地方公共団体」と

性格づけられ（地方自治法281条の2第2項）、「市」と同様の事務を処理することとされています（同法281条2項）。

ただし、よそでは「市」が所管する類の事務であっても、23区全域にわたる行政の統一性・一体性の確保という観点から「都」が所管するものがあり、それは特別区の所管から除外されます。代表的なものが消防行政で、東京消防庁という都の組織があって、23区全域の消防を一手に引き受けて統一的な消防行政を担当しています。要するに、その分、市町村と都道府県の事務分担関係と比べて見ると、特別区の場合、市町村よりも分担している事務の狭い部分があるわけです。

(3) 公選制の区長と議会がある

現在の特別区には、公選制の区長と公選議員による議会が設置されています。

憲法では、「地方公共団体」に議会の設置が義務づけられていて、さらに、「地方公共団体」の長や議会の議員については、住民による直接公選制が保障されています（憲法93条）。しかし、特別区についてこれは当然のことではなく、かつて、特別区長の公選制が廃止され、特別区長は区議会が都知事の同意を得て選任するという仕組みが採用された時期もありました（1952～74年）。裁判でその合憲性が争われたこともあるのですが、最高裁判所は「違憲とはいえない」としました（最高裁大法廷昭和38年3月27日判決）。当時における実態をみると、特別区は都の下部機構にすぎず、市町村のような完全な自治体としての地位や機能を持たないとの理由から、当時の特別区は憲法上の「地方公共団体」に当たらないというのです。

現在では、特別区長公選制は復活し、市町村と同等レベルの住民自治が実現されています。また、特別区の地位や機能も当時とは異なっているため、現在の特別区に昔の判決はもはや当てはまらないとの指摘もあります。

(4) 特別区の財政格差については「都」が調整に当たる

　特別区を包括する「都」による特別区相互間の財政調整制度が設けられている点も、特別区制度の重要な特徴です。

　すなわち、特別区が複数あると、財政的に豊かな区と苦しい区の格差が生じてくるため、そういう財政格差の調整が必要となります。その点、日本全国の市町村相互間の財政調整は、国がまとめて面倒をみています。例えば大阪府下の市町村についても、国が地方交付税交付金の配分により財政調整をしていて、大阪府が財政調整に乗り出すことはしません。ところが、特別区相互間については、特別に「都」が行う仕組みが採用されています。

　以上が東京で採用されている特別区制度の主な特徴であり、これが「都」とワンセットで理解されるべき制度であることから「都区制度」、またはさらに簡潔に「都制」と呼ばれることもあります。このような都区制度は、戦時中の1943年に東京市と東京府の統合によって導入されて以来、これまで東京にしか存在しませんでした。しかし、必ずしも東京に限定された制度ではなく、全国どこでも採用可能と考えられています。

　そのことを前提にして、大阪でも都区制度の導入論が提唱されたことがありました。これがまさに「大阪都構想」で、古くは1950年代にさかのぼり、けっして維新の会から始まった話ではあ

りません。それでも、東京以外で都区制度を導入するための具体的な手続規定が存在せず、各地での導入論も現実の政治課題にまではなりませんでした。

　そんな中、維新の会の強い要求もあって、2012年に「大都市地域における特別区の設置に関する法律」が制定され、特別区を伴う都区制度を導入するための手続が整えられたわけです。ただし、道府県の名称を「都」に変更する手続については同法に定めがなく、正式に名称を変更するためには別途法律の制定が必要です。

2　「橋下都構想」と都構想のバリエーション

(1)「橋下都構想」（住民投票で否決された都構想）の概要

　この「大都市地域における特別区の設置に関する法律」に従って、橋下徹市長の時代に大阪都構想の実現が図られました。橋下市長が知事在任中の時期から都構想の中身は変遷もしていますが、以下では、最終的にとりまとめられ、住民投票で否決された都構想の特徴を概観しておきます。

　①　その最も顕著な特徴は、**大阪市の現行24行政区を5つの特別区に再編**するという点です。

　はじめは24区のまま特別区に移行させるかのような発言も見られましたが、行政コストを下げることが何よりも優先され、7区案もあった中、最終的に採用されたのは5区案でした。

　②　また、やはりコスト削減のため、**区議会議員の総定員を従前の大阪市議会の議員定員**に合わせました。

　単一の大阪市を多数の特別区に分けてそれぞれに区議会を設けると、議員総数が随分と増えるのではないか、と批判する声があ

りました。橋下市長は区議会定員をきわめて少なく設定し、そのような批判をかわそうとしたのです。当然ながら逆に、それでは議会としての機能を十分に果たせないではないかとの批判を受けることになりました。

③　**特別区の権限は"中核市並み"とする**との触れ込みでした。

中核市というのは、おおむね人口30万規模以上の大都市（現在の指定要件は「人口20万以上」）に対して、政令指定都市ほど広範囲ではないにしても、都道府県のもつ事務処理権限の一部を担当させるという制度（地方自治法252条の22）です。大阪府下では東大阪、高槻、枚方、豊中の各市が指定されています（2017年4月現在）。

中核市は一般の「市」よりも幅広い事務処理権限を持ちます。東京の特別区の持つ事務権限は一般の「市」よりも狭いのですが、「橋下都構想」では、地方分権の見地に配慮して、東京の特別区やさらには一般の「市」が持たないような権限も、大阪の特別区には独自に付与するとしたのです。もちろん、都区制度である以上、一般の「市」が持つ権限を特別区から取り上げ、「都」が担う部分はあります。そうでないと「ワン・オオサカ」も実現できませんから。しかし他方で、一般の「市」がもたない事務権限をも幾らかは特別区に付与して、全体として"中核市並み"と称したのです。

このように、「都」と特別区の権限配分は、「大阪都」構想と東京23区とで必ずしも同じではないので、権限分配の当否を評価する際は、協定書の記載にもとづき具体的に検証する必要があります。

④　さらに、「橋下都構想」では、**旧市域全体に関わる事務を扱う一部事務組合を創設する**ことになっていた点も注目されます。

一部事務組合とは、これも地方自治法にいう特別地方公共団体の一種で、単独の自治体では処理しづらい事務を委せるために複数の自治体が共同して設立する行政団体です（地方自治法284条以下参照）。

　東京にも23区全域に関わる事務を扱う一部事務組合は存在します。とはいえ、東京の場合は、競馬・清掃・職員人事といったそれぞれ単一の事務を扱う一部事務組合が3団体設立されているだけです。しかし、「橋下都構想」における一部事務組合は、各特別区に割り当てることが難しいと判断された事務を100件以上も一括して扱う巨大なものでした。そのため、このような一部事務組合による行政に住民自治の手段が乏しいことへの批判や、「都」と各特別区、さらにこの一部事務組合による「三重行政」が生じかねないことへの批判を招くことになったのです。もっとも、このような一部事務組合は都区制度に必然的なものではありません。

(2)「橋下都構想」とは異なった大阪都構想の可能性
　2015年5月の住民投票で否決されたのは、このような都構想でした。しかし、これはあくまでも当時の都構想であり、大阪都構想が全て「橋下都構想」と同じとは限りません。設ける特別区の数にしても、「橋下都構想」は5区を設ける案でしたが、すでに触れたように、7区案や、現行と同じ24区案すら不可能ではありません。区割りの仕方もいろいろなパターンが可能でしょう。

　また、「橋下都構想」は大阪市域のみに特別区を設置する案になりましたが、堺市域にも特別区を置く大阪都構想や、さらに当初は、大阪市に隣接する10市（堺市のほかに豊中、吹田、守口、東大阪、八尾などの各市）も含めた地域に特別区を設置する都構想（いわゆる

グレーター都構想）もありました。「大阪都」と特別区の権限分配についても、東京の例にそのまま従う必要がない以上、たくさんのやり方が考えられます。

　このような多様な大阪都構想が考えられる中で、どのような案が将来構想としてもっとも合理的かは、政治的にも経済的にも興味深い検討対象です。2015年に否決された「橋下都構想」はたしかに受け入れ難かったとしても、将来これとは異なった都構想、それも「橋下都構想」に対する批判がそのままでは妥当しない都構想が提案される可能性もあることは、一応は頭の中に置いておく必要があるでしょう。

3　特別区制のメリット・デメリット

　どのような大阪都構想であれ、特別区を伴う都区制度を導入するという点は共通します。大都市についての特例的制度としては、従来通りの政令指定都市制度のほか、一部論者が大阪都構想の対案として挙げた特別市制度（大都市に府県の事務権限を一式付与し、府県から独立させる制度）も考えられ、大阪市の改革案としては、それらの特例措置によらず小規模の「市」多数に分ける分市案も検討対象とされました。

　ここでは、総合区制と比較する便宜のためにも、政令指定都市が特別区を伴う都区制度を導入した場合のメリット・デメリットについて整理しておきましょう。

(1) 特別区制度のメリット

　都区制度のメリットの第1は、特別区という基礎自治体に注目

すると、政令指定都市よりも人口・面積などの規模が相対的に小さくなることです。

政令指定都市も「区」に分かれていますが、これは行政区と呼ばれるもので政令指定都市の中の区域区分にすぎず、独立の法人格をもちません。そのため、行政区はそれ自体としては自治の単位としての機能にも制約があります。しかし、単一の政令指定都市が複数の特別区に置き換えられると、それぞれが独立した自治の単位になります。ただし、個々の特別区の規模は元の政令指定都市より当然小さくなるうえ、区長公選制も導入され、公選制区議会も設けられることから、住民自治の手段も強化されます。その結果、地域の実情に即したきめ細かな行政が可能になり、住民の意向も反映させやすくなると期待できます。

(2) 特別区制度のデメリット

しかし、デメリットもあります。まず、特別区の制度自体が法律上安定的でないことです。特別区長の公選制や議会の設置すらも憲法上保障されているかどうか定かでなく、廃止される可能性も否定できません。特別区と「都」との事務配分も、法律の改正や、場合によっては両者の協議だけでも変更が可能なため比較的容易で、当初決まった事務配分が「中核市並み」でも、それが将来にわたって維持されるとは限りません。特別区の側が事務処理権限を一方的に縮減されることも、財政難等で返上せざるを得ない事態も、十分に考えられます。特別区は、そういう不安定性を内包した制度なのです。

また、特別区制の導入に伴う財政調整制度は運営がたいへん難しいのです。利害の対立する特別区相互間では、調整によっても

必ず不平不満の種は残るからです。

　その点に関連して、維新の会が大阪都構想を提唱して挙げた理由の一つに、現状の大阪市は巨大すぎるから行財政運営が難しいという批判がありました。特別区を導入して自治体の規模が小さくなれば、従前と比べて個々の特別区の運営はしやすくなるかもしれません。しかし、「大阪都」には、複数の特別区を束ねて財政調整をする任務が新たに生じます。「大阪都」はこれを他の市町村の区域についての従来からの行政に加えて担っていくわけです。それは巨大な大阪市の行財政運営と比べても勝るとも劣らず困難な任務になると見込まれます。財源も市町村から「大阪都」に集約される度合いが高まり、それが適切に使いこなせればたいへん有益でしょうが、ムダに費消される危険性も相応に高まると考えられます。

　さらに、「分権化」されて各特別区が担う事務について見ると、政令指定都市の事務より縮小するとともに、各区がもつ裁量の余地が随分と乏しいものとなります。

　「市」の事務権限の一部が「都」に移されるため、特別区の権限は当然に政令指定都市より縮減されます。東京23区並みを超えて、中核市並みの権限を一部配分することは考えられますが、「都」の側が必要と考える事務権限はまず「都」に集中させるのであって、基礎自治体で処理しきれない事務を「都」が処理するという事務配分に関する市町村優先の原則（または補完性の原則）とは発想が逆転します。

　特別区に配分される事務権限は、教育・福祉など法令等にそのまま従って実施すべき性格が強く、仮に少々配分が増えても、独自の政策を展開する余地の限られた行政領域が中心になるでしょう。

特別区には自主財源による財政上のゆとりも期待しがたく、財政調整制度は「都」が特別区の政策に介入する契機にもなります。

(3)「都」に支配権を集中させる制度

このように、あくまでも都区制度は「都」知事に実質的な支配権を集中させる集権的な制度です。「ワン・オオサカ」は都構想を推進する維新の会のスローガンですが、まさに都区制度の下では「ワンマン・オオサカ」となります。

「橋下都構想」のときには「二重行政の解消」という目的も強調されましたが、都構想が実現しても特別区と「大阪都」という２層の自治体が依然として存在しますから、「二重行政の解消」を実現するには相応に強力な権力を知事に付与することが不可欠となるのです。そもそも東京市と東京府を統合して東京都としたのが戦時下の1943年（昭和18年）でした。そのことからも、都区制度の集権的性格がうかがわれます。都区制度の導入は、仮に制度設計に成功し、有能な為政者を確保することができれば、大阪の抱える深刻な都市問題の解決に役立つ可能性も期待できますが、大規模で強力な集権的行政になるがゆえに、逆に制度設計か政策運営のどちらかで失敗したとき、ダメージはより大きくなると懸念されます。

なお、特別区制の導入によるメリットとして、政令指定都市と比べて行政コストが減ること期待されているようです。減るかもしれませんが、その点は結局、制度設計に依存します。

コスト削減を最優先した「橋下都構想」でも、コスト減は年間１億円にとどまると指摘されていました。特別区の数をいくつにするか、特別区に配分する事務の量や質、各区の議員や職員の定

員・待遇をどのようにするか次第で、行政コストが増える可能性も否定できません。その上に、一時的であれ制度変更に伴う相当のコストが行政にも民間にも生じるわけで、制度改革を論じる場合、それも無視することはできません。

4 特別区設置＝都区制度移行の手続

　特別区設置＝都区制度移行のため「大都市地域における特別区の設置に関する法律」が定める手続は、次の通りです。重大な影響が広範囲に及ぶ改革であり、あらかじめ綿密な制度設計が必要となるため、住民投票を含むきわめて慎重な手続が定められています。

　①　まず、特別区設置協議会（いわゆる法定協議会）を設置します。法定協議会は、関係自治体（府県＋市町村。前回は大阪府と大阪市）の代表で構成されます。

　②　法定協議会では都区制度の制度設計（特別区の区割りや名称、「都」と特別区の事務分担など）を話し合い、特別区設置協定書案を作成します。協定書案は、総務大臣に報告して意見を求めた後、正式に確定されます。

　③　確定された協定書について、関係自治体の議会全てで承認を得る必要があります。

　④　さらに、関係市町村（前回は大阪市のみ）の住民投票で過半数の賛成を得る必要があります。ただし、この住民投票は、特別区に隣接した地域で追加的に特別区制を導入する場合（例えば、大阪市域で特別区が導入された後に堺市域で特別区を導入するような場合）には省略可能です。

⑤　関係自治体の申請に基づく総務大臣の決定により、最終的に特別区制に移行します。

　もっとも、「大阪府」の名称を正式に「大阪都」に変更するためには別途法律の制定が必要です。また、いったん特別区制に移行した場合、何らかの不都合が明らかになったとしても、元に戻す手続は今のところ存在しません。

5　特別区制導入の見通し

　2017年6月に法定協議会の再設置が決まった後の日程については、総合区制の導入を目指す動向との駆け引きもあって流動的ですが、2018年夏頃に法定協議会で協定書を決定、その後に府議会・市議会で協定書を承認、18年の秋頃に住民投票を実施するといったところが想定されている模様です。

　これに対しては、橋下市長の当時、「住民投票は今回が最後」という発言があって、それなのにまた住民投票とはなんだ、という批判も当然ありえます。それゆえ、現在の政令指定都市制度も完全無欠ではなく、各種の大都市制度にそれぞれ一長一短あるなかで、なお何らかの都区制度＝都構想がベターだと考える論者も存在するわけですが、前回の「橋下都構想」をほとんどそのまま再提案して、導入が実現されるまで住民投票を繰り返すようなことは許されません。「橋下都構想」が住民投票で否決された結果は民意の厳然たる表明であり、その後の大阪市長・府知事ダブル選挙の結果によってもくつがえりません。まして、高齢者ばかりが投票に行った結果だなどと言って軽んじてはなりません。

　要するに、改めて都区制度の導入を提案する場合、住民投票で

否決された「橋下都構想」のどこが不適切だったのかについての総括が不可欠で、それを踏まえて、より適切な改訂版の都構想がまず提示されるべきでしょう。ほんらいの順序としては、その後にはじめて法定協議会を再設置すべきだったと考えられます。

そして、総合区制度のような新しい制度も創設されていることを考慮すると、より簡易なこの制度による改革を試行した後、さらに必要ならば新たな都構想の具体的検討に進むというのが適切だろうと思われます。

その2　総合区とは何か

総合区の制度は、2014年5月に成立した地方自治法改正により創設された制度（同法252条の20の2）です。大まかに言えば、政令指定都市における各行政区の機能強化を意図したものです。改正法は、都構想住民投票の翌年、2016年4月に施行されました。

総合区の制度は、「橋下都構想」に消極的・批判的な論者により、その代替案として以前から導入論が主張されていました。公明党や自民党も、2015年4月のいっせい地方選挙の当時に、すでに導入論を唱えていました。もっとも、公明党の総合区導入論は一定の合区を前提としたものであり、他方、自民党は合区を前提とせず、24行政区の一部で先行して総合区を導入するという主張で、自民党と公明党が歩調を合わせての導入論ではありませんでした。

第2章　特別区・総合区とは何か

1　総合区の特徴と制度化の経緯

(1) 総合区の特徴

　総合区が特別区と異なる最大の特徴は、政令指定都市に設けられる制度だという点です。すなわち、特別区導入の場合と異なり、政令指定都市自体はそのまま存続します。総合区は、行政区と同じく政令指定都市の内部的な区域区分にすぎないものであって、独立の法人格をもった地方公共団体ではありません。

　では、総合区は従来の行政区とはどう違うのでしょうか。

　形式的には、総合区長の権限が、現在の行政区長よりも拡大されます。実質的には、区役所で処理される事務の範囲が広がるということです。もっとも、地方自治法上の文言では拡大されることになっていて、それが期待されるのですが、実際にどこまで拡大されるのかはよくわかりません。地方自治法上は、区に係る政策・企画をつかさどるとか、区のまちづくりを推進する事務等が明示されています。実質的な権限の拡大として注目されるのは、区役所（総合区の事務所）の職員の任免権です。その他にどれくらい権限が拡大されるかは、法律上それぞれの市ごとに条例で決められることになっているので、各市で制定される条例次第ということになります。

　総合区長は、市議会の同意を得て市長が任命することになっています。逆にいえば、区長公選制は導入されません。公選制の議会も設置されません。しかし、総合区長は新たに直接請求によるリコールの対象とされたため、住民の力で辞めさせることができることになりました。

総合区は、政令指定都市から財政的に独立しているわけではないので、財政調整制度も設けられません。ただ、予算は市長が立案し、議会が決めるのですが、市長が予算編成をするにあたって、総合区長には自分の担当する区内のことに関して意見を述べる権限が付与されます。

(2) 総合区制導入の手続

　総合区制の導入は、手続上はきわめて簡単です。総合区長に委ねる権限や区地域協議会を設置するか否かを決めて、条例を制定するだけです。国の同意なども不要です。全市内一斉に導入する必要はなく、人口・面積などの要件もありません。ですから区割りなどの問題を留保したまま導入することが可能で、導入後に区割りを変更することも自由です。

　住民投票をする必要もありません。大阪では、総合区制導入について、特別区制導入とどちらを選ぶべきか住民投票を実施して決めるという考えもあるようですが、法律上必要がない住民投票をあえて実施しようとするとき、かえってその目的が問われることとなります。強引に反対論を抑えようとする意図、選択肢を特別区導入と総合区導入だけに限って現状維持は排除する意図など、隠された何らかの不当な意図を警戒すべきでしょう。

(3) 総合区の制度化の経緯

　総合区の制度は、2013年に地方制度調査会（第30次）『大都市制度の改革及び基礎自治体の行政サービス提供体制に関する答申』の中で、「都市内分権」により住民自治を強化するための方策として提案されたものです。答申は次のように述べています。

「指定都市、とりわけ人口が非常に多い指定都市において、住民に身近な行政サービスについて住民により近い単位で提供する『都市内分権』により住民自治を強化するため、区の役割を拡充することとすべきである。……条例で、市の事務の一部を区が専ら所管する事務と定めることができることとすべきである。また、区長が市長から独立した人事や予算等の権限……を持つこととすることを検討すべきである。」

これを受けて、2014年に地方自治法が改正され、総合区制度が法制化されました。この改正法は、前述の通り2016年4月に施行されましたが、実際に総合区制度を導入した政令指定都市は、まだありません。

2　総合区制のメリット・デメリット

(1) 総合区制のメリット

総合区制度を導入するメリットは、地方制度調査会答申がいうような「都市内分権」の実現です。住民に身近な行政サービスについて、なるべく住民に身近な役所が担当するということです。

もっとも、その方向性自体は積極的に評価してよいでしょうが、限界もあることに留意しておくべきです。総合区長は市長の指揮、監督下におかれ、立法権限、財政権限において独立性が認められるわけでもありません。いわば市長の手のひらの上で様々な工夫が許されるという程度です。地方制度調査会答申は住民自治の強化にも触れていましたが、リコール制度が目に付くくらいで、実効性は疑問です。もともと行政区のままで行政権限の移譲が妨げられるわけでもないので、権限移譲のために総合区の導入が不可

欠とまではいえないでしょう。

　結局のところ、分権の成否は、総合区制の導入それ自体以上に、区長にどれだけ権限を配分するか、選任された区長にどれだけ独自の施策に取り組む意欲があるか、区民の民意を区政に反映するどんな仕組みを設けるか、市長がどれほど各区の自治を尊重するか、といった諸要素に依存するのではないかと思われます。

(2) 総合区制のデメリット

　デメリットとしては、何より行政コストの増大が懸念されます。
　各区への事務権限配分が拡大する度合いに応じて、各区が相応の力量ある行政組織を備える必要があります。各区の規模が小さいままでは、専門性の高い職員の確保が難しくなることもあって、総合区制と抱き合わせで合区論も出てくることになるのです。総合区制導入に伴って合区が必要だとすると、住民に身近な行政サービスを担う役所がかえって遠くなるおそれもあり、ほんとうに総合区制導入が必要か、また有意義か、十分な検討をすべきでしょう。
　そのほか、各区相互間で行政サービスに差が生じます。そして政策に違いが出てくれば、その調整をする必要も生じるため、その手間を嫌って政令指定都市では総合区の導入に慎重な姿勢を崩していないようです。改正法施行直後の『毎日新聞』の調査によると、総合区制度の導入を検討しているのは大阪市以外では名古屋市、新潟市くらいで、他の都市では導入するつもりはないとのことでした。

3　併行する総合区と特別区の導入準備

　現在、松井府知事や吉村大阪市長は、「副首都」を実現するためとして、総合区制の導入準備と特別区制度の導入準備を併行して進めています。維新の会としては、総合区制導入では不十分と考えていて、あくまで特別区の導入＝都構想の実現を目指す方針ですが、そのためには府議会・大阪市議会で公明党の協力を得る必要もあって、公明党が主張する総合区制についても具体策の立案にあたっているのです。

　ほんらいの順序としては、総合区を導入して、それでも諸問題が解決される見通しが立たない場合、特別区導入を検討するということになるでしょう。特別区については「橋下都構想」が住民投票で否決されたという事情があることに加え、総合区の方が特別区と比較して副作用が少ないと見込まれるからです。特別区制の導入は、大規模な改革としてその影響が及ぶ範囲も見極めがたい上に、失敗とわかっても元に戻せず修正がなかなか困難です。それに対して、総合区導入の場合、導入対象の行政区や権限移譲の範囲を段階的に拡大していくことができるうえ、元に戻すことも修正も容易で、多様な試行錯誤が可能です。

　なお、維新の会は「副首都」という政策を掲げて総合区と特別区とを並べていますが、ほんらい「副首都」というのは国政上の問題のはずで、「副首都」と総合区や特別区がどう関連するのかは全く不明です。

その3 地域自治区とは何か

1 地域自治区の特徴と制度化の経緯

(1) 地域自治区の特徴

　大阪における制度改革論議の中では、地域自治区制度の導入を求める主張もみられます。

　地域自治区は、市町村の内部に設けられる独立の法人格をもたない区です（地方自治法202条の4以下）。政令指定都市だけではなく、もっと規模の小さな市町村でも設置ができます。

　地域自治区の区長（法律上は「地域自治区の事務所の長」）の権限は、やはり自治体ごとに条例で定められるのですが、区長の選任については、公選制は導入されず、行政区の場合と同じように一般職員から市長が任命します。区長はリコールの対象にもなりません。

　公選制の議会は設置されませんが、地域協議会という機関が必ず設置され、この点に地域自治区の最大の特色があるといえます。地域協議会は、区内の住民の中から市町村長が選任した者によって構成され、区の行政や区内における市町村行政について区内住民の意見を取りまとめて市町村長等に意見具申したり、市町村長等の諮問に答えたりする権限をもちます。議会のような何らかの拘束力ある決定権限はもちませんが、区内住民の民意を可視化する機能を有することになります。

　地域自治区の導入は、区長にゆだねる権限や、地域自治区の地域協議会の設置などを決め、条例を制定するだけで可能です。市町村内の全域に導入するのが基本ですが、段階的な設置も容認さ

れると理解されています。

なお、政令指定都市では、行政区・総合区において区ごとに「区地域協議会」を置くことができ（自治法252条の20第7項、252条の20の2第13項）、これは地域協議会と機能的に同じものです。政令指定都市における地域自治区とは、各区をさらに区分して設けられるものをいいます（自治法252条の20第9項）。大阪市では、各区の中に地域自治区を設ける案のほか、現在「区政会議」が条例に基づき開催されているので、これを改組して区地域協議会に移行させる案も考えられます。

(2) 地域自治区の制度化の経緯

地域自治区の制度化は、総合区よりも10年先行していて、当初2003年に地方制度調査会（第27次）の答申で、「地域自治組織」として制度化が提言されたものです。地域自治組織は、同答申では、「基礎的自治体における住民自治充実や行政と住民との協働推進のための新しい仕組み」とされていました。とりわけ市町村合併が進行した場合などに、単一自治体の区域も相当広くなることから、単一自治体内部の、より狭い地域の住民の意向を反映させる必要があれば、そのような地域ごとに地域協議会という諮問機関を設けて対応しようということです。

それを受けて2004年の地方自治法改正で制度化されました（翌年施行。同時に、市町村合併特例法でも地域自治区制度が定められたが、地方自治法に基づくものとは少し違いがある）。以降、地域自治区については、全国各地で導入された実例があります。

2　地域自治区の問題点

　とはいえ、地域自治区も必ずしも多くの自治体で幅広く導入されたとまではいえません（総務省の集計によると、2016年4月現在で全国15市町148区。政令指定都市での設置例はないが、区地域協議会については新潟市・浜松市の設置例がある）。やはりいろいろな問題点が指摘されています。

　デメリットとしては、コストがかかる点が指摘できます。住民の代表を選任して会議を開くことから、相応の経済的負担が加わるほか、意思決定に手間と時間がかかるようになります。そのような「民主主義のコスト」を超えるだけのメリットが期待できるかどうかが問題となります。

　第2には、さらに具体的に、地域協議会の構成の適切性が問題です。法律上は、構成員の選任に当たっては「区域内に住所を有するものの多様な意見が適切に反映されるものとなるよう配慮しなければならない」との定めがあります（自治法202条の5第3項）。それを実現するために、自治体によっては地域協議会の構成員について準公選制（選挙をして得票上位の候補者から市長が協議会構成員を選任する）を採用した所もあります。それとは異なり、自治会・町内会や業界の団体などの代表者を選任する所もあります。充実した議論が可能で、かつ少数意見にも配慮を怠らない構成が望ましいのですが、その実現可能性は、各自治体の工夫次第です。それが困難ならば、地域自治区を設けても無意味でしょう。

　第3に、地方議会との関係が問題となります。議会は自治体全体の民意を代表する機関として、そのまま存在します。それより

狭い地域の民意を代表する機関として地域協議会が設けられるため、両者をどう適切に調整するかが問題になります。また、市町村長が地域協議会を諮問機関として獲得することから、民意を背景とした議会と市町村長との力の不均衡が拡大する可能性があります。議会が軽視されることにならないよう相応の配慮が必要になると思われます。

おわりに——住民自治の追求を

　地方分権は誰もが支持します。より住民に身近な役所に事務権限を移すだけならば、特別区制や総合区制の導入を待つまでもなく一定程度は可能です。それ以上に、都市内の一地域に団体自治＝独立性を保障するような改革となると、都市の解体をもたらす可能性もあるため自ずと限界があり、徹底的に追求するのが望ましいともいえません。また、事務権限を移す論議には、合区など行政単位の拡大を促す話がつきものです。それによって実際には住民にとって役所が遠くなることとともに、住民の意向が行政に反映されにくくなることが懸念されます。
　一連の行政改革論議においては、行政コストを削減することは随分強調されました。それと比べると、住民自治を充実させる問題は、さほど関心を集めませんでした。しかし、制度改革を論じる上でこの視点を避けて通ることはできないはずです。住民の意向をどこまで反映することができるかに注目することは重要です。議会のあり方を視野に入れることも含め、提案されている改革が住民自治に逆行していないかどうかに注目しておく必要性を、さいごに強調しておきます。

第3章　合区の意味と問題点

柏原　誠

1　合区と総合区は異次元です

(1) 合区は区の数と規模の問題

　2017年5月26日の大阪市会本会議で、大都市制度（特別区設置）協議会の設置が維新・公明などの賛成で可決されました。大都市地域特別区設置法にもとづく、いわゆる法定協です。

　今回の規約では、「特別区の設置に関し必要な範囲内において総合区の協議等ができる」ことになっています。総合区については、2017年3月に大阪市の総合区の「区割り案」（8区案）が示されました。案では現在の24区を8区に合区した上で、総合区制度を全市一斉に導入する方向が示されています。

　この章では、大阪市の現在24ある行政区をまとめて数を減らし、一つずつの区の規模を大きくすること、すなわち合区について学んでいきます。規模と数の問題です。合区の対義語は「分区」です。市町村の合併とよく似ているようですが、ここでいう「合区」は政令指定都市の区を合併するということです。市町村合併のように手続きが法律で決まっているわけではなく、それぞれの市の条例改正で行われます。また市町村合併とは違って、指定都市の合

区の例は、分区の例より少ないという違いがあります。その理由はあとで、歴史的な経緯とあわせて説明します。

(2) 総合区は「区」の一種

　地方自治の分野では、様々な種類の「区」という名前のついた制度がありますが、ここでは、大阪市を廃止して特別区を設置しようとする議論の途上に出てくる「区」に限定して整理しておきます。

　大阪市には現在24の区があります。これは「指定都市に設置された区」です。指定都市とは、おおむね人口100万人以上の大規模な市を政令で指定した市です。大阪市をはじめとして全国に20市あります。指定都市の特徴は、通常は道府県が行う事務の多くを実施すること、市域を分割して区を設置することなどにあります。指定都市には区をおくことが義務づけられているのです。

　さて、指定都市の区には2つの種類があります。1つは、指定都市制度創設時からある区で、これを「行政区」ということが多いようです。行政区は、住民登録などいくつかの法律で定められた事務のほか、市の条例で決められた市の事務を行います。区長は一般職員であり、市長が任命します。また、選挙管理委員会が行政区ごとにあり、区は選挙の単位になっています。

　「総合区」は、「行政区」をバージョンアップしたものとして、2014年の地方自治法改正で新設されました。法律上では違いはいろいろありますが、もっとも決定的な違いは区長の性格です。行政区では一般職員だった区長が、総合区では特別職（議会同意職）と位置付けられました。これは、任用にあたって市長が任命するだけではなく、議会もそれに同意を与えるということを意味し、

区長の民主的正統性を高めるといわれています。市民の政治的代表である市長が任命し、もう一方の代表である議会も同意したのだから、「市民の意思を代表している」度合いが高められたということです。その分、より大きな権限を市から総合区におろすことができる、という制度の立て付けになっています。総合区については前章をお読み下さい。

　さて「特別区」は、以上の2つとは全く違うカテゴリーです。

　現在、東京都のなかに23の特別区が設置されていますが、これらは基礎自治体です。区長も区議会も住民の直接選挙で選びます。ただし、一般の市が独立した自治体であるのに対して、特別区は「大都市の一体的行政の必要性」から、いくつかの権限が都に留保される他、財政上も、一般の市なら独自の財源であるはずの税源を都に渡し、特別区間の財政調整財源とするなど、自治に制限が加えられています。その証拠に、東京都の特別区は、現在の都区制度には欠陥があると主張し、それぞれが東京〇〇市として独立し、大都市行政については市の連合体で対応したいというプランを持っているぐらいです。

　もうひとつ、「地域自治区」が、大阪の議論の中で出てくるかもしれません。これは、平成の市町村合併の中で、自治権を失う合併前の市町村の区域に一定の自治権を認めるための制度です。地域自治区には、地域協議会という住民による市民参加組織がおかれ、その地域における市の事業に対して、意見を言うことができるという機能があります。

　指定都市の区を地域自治区と位置付けることもできますし、区より狭い区域に設置することもできます。大阪では、合区をすると、区の面積が広くなるため、もとの区を単位として住民サービ

スを行ったり、まちづくりについての意見を聞くという枠組みとして地域自治区を活用しようと考えられています。ただこの場合は、まちづくりを話し合う地域自治区と、あとで述べるように、選挙の単位である、すなわち政治的意思の単位としての区が異なる範囲になるのでややこしいことが起きそうです。

(3) 次元が違う「合区」と「総合区」、そして両者の関係

　最初に述べたように、合区というのは、区の数を減らして一つの区の規模を大きくすることです。総合区というのは、言葉は似ていますが地方自治制度の一つです。合区と総合区は、次元が違う話です。これは重要なポイントです。

　しかも、合区と総合区はもともと関係がありません。市町村合併の場合は、市になるためには５万人以上という法律上の人口要件があるので、それを目指して合併が進んだという面があります。たとえば、堺市と美原町の合併は、堺市の指定都市への移行を早めました。

　しかし、総合区の場合はそのような議論が当てはまりません。そもそも総合区も含めて、指定都市の区には人口要件のようなものはありません。区割りも受けもつ事務も、市が独自に条例で決めるものだからです。行政区のままでいくか総合区にするかは、その人口規模にかかわらず指定都市が独自に決められます。また、２種類を混在させることも可能なため、全市一斉に総合区にする必要もありません。いったん総合区とした区を、行政区に戻すことも可能です。

　これらの点は「特別区」と「総合区」の決定的な違いです。特別区は、区のあり方を決める指定都市そのものがなくなります。ま

た、特別区を集めて指定都市に戻す手続きもありません。指定都市「大阪市」を維持することは、区のあり方を大阪市の条例で柔軟に決められる、具合が悪いことが出てきたら元に戻せるという利点があります。

(4) 区は単なる出張所ではなくコミュニティ

よく「区は出張所のようなものだ」という話を聞きます。おそらく「大した仕事はしていない」「市の出先にすぎない」という意味で使われているのですが、誤解を生みやすい表現です。区や区役所は、いくつかの点で出張所とは全く異なります。

出張所は、衛星都市等の市役所本庁から離れた周辺地域に設置され、住民の便利のために、住民登録などの窓口業務をはじめとした市役所業務の一部を行っています。したがって、出張所でできる行政サービスは、基本的に市役所本庁でもできます。

これに対して区役所は、一定の管轄地域をもち、その地域の住民に対して一定の区役所業務を行います。つまり、その区の区役所でしかできないことがあります。

一例を挙げてみましょう。子どもが生まれたときに出生届を出す必要があります。例えば、大阪市港区に住む人は出生届を港区役所に出す必要があります。大阪市民だからといって、中之島の市役所に行ってもこの手続きはできません。お隣の西区役所でもできません。港区の住民の出生届を受理する事務は、港区役所が担当することになっているからです。区役所は一定の管轄地域を持ち、その地域の事務の一部を排他的に処理する事務権限を持っているのです。

第2に、政治的な単位でもあるということです。大阪市の場合、

市議会と府議会の選挙は、区を単位として行われています。区役所の建物の中には区選挙管理委員会があります。選挙の単位になっているということは、選挙を通じて「区民の意思」が表明されうることを意味しています。ここで「されうる」と持って回った言い方をしているのは、実際には、〇〇区選出の議員であっても、あくまでも大阪市全体、大阪府全体の代表であって、市・府全体の利益のために行動することが求められているからです。

現状では、区長は市町が任命し、議員も区民の代表ではなく全市民の代表ということです。しかしながら、区から選挙された議員が区民の政治意思を代表することは可能性としては存在します。

第3に、区は区民意識というアイデンティティ（主体性）を生み出す入れものでもあるということです。これは、区役所の重要な業務としてコミュニティ政策が展開されていることと関係があります。区民まつりや区民文化祭、運動会などのコミュニティ育成事業、また区内のコミュニティを支援する仕事が、区役所の業務として行われています。このため、住んでいる期間が長くなるにつれ〇〇区民という意識が生まれてきます。

区の合併や分割という話は、行政のコストや効率性、権限とのバランスのみで考えるのは不十分です。住民の政治的意思やコミュニティ意識にもとづく住民自治の観点が重要であることはいうまでもありません。

2 大阪市の区役所の現状は？

(1) 区役所はどのような仕事をしているのですか？

区が合区されることの意味を考えるにあたって、区役所がどの

ような役割を果たしているのか、その内容や重みを理解しておくことはとても重要です。

　この本を読まれているみなさん、なかでも大阪市民のみなさんは、区役所に行くのはどのような用件の時でしょうか。圧倒的に多いのは、転入や転出などの諸届けの提出、住民票の写し等諸証明の発行ではないでしょうか。区役所は、このようないわゆる「窓口サービス」や、就学相談などの相談業務を通じて市の行う公共サービスへつなげるサービスをしています。区役所の窓口で行われていることの大部分はこのカテゴリーです。

　さらに、コミュニティ支援や地域防犯・防災やまちづくりの推進も重要な区役所の仕事です。具体的には区民まつりとか、橋下市政以降にスタートした地域活動協議会の支援などです。

(2) 区役所の組織は？

　区役所の組織をみてみましょう。港区役所には、4つの課があります。区役所の中の人事管理、区民への広報や区政会議の運営などを行う「総務課」、窓口で区民からの届け出を受理したり、諸証明を発行する「窓口サービス課」、健康づくりの行事や健康診断等を行ったり、生活保護に関わる支援業務を行う「健康福祉課」、生涯学習、コミュニティ育成、地域防災を推進する「協働まちづくり支援課」の4つです。区によって名称は異なりますが、おおむねどの区役所もこの4つの課で構成されています。

　港区役所の職員数は175人です。24区合計では5074人でした（平成28年度版「区政概要」より）。5074人というのは、市職員のうち交通局等をのぞいた市長事務部局の職員約1万5千人のうちの約3分の1ということになります。区民と直接対面する行政サー

ビスの担い手なので、職員数も多くなっています。

(3) 区役所の予算としごと

　区役所にも予算があります。お金の面から、区役所の仕事を見ていきましょう。

　2017年度の港区役所の予算は約15億円です。うち約12億円は人件費ですので、区役所の事業費は3億円です。さらに、このうち8000万円ぐらいは区役所の庁舎の管理費や維持費になっています。業務の民間委託費も事業費になります。残りが区役所が政策的に使える経費になります。港区役所では、5000万円程度をコミュニティ支援、500万円程度を防災・防犯関係、1500万円程度を高齢者の健康サポート、1800万円程度を区の広報紙発行などに使っています。あとは、小さな額ですが、区の魅力発見・発信なども行われています。なお、予算については区によってばらつきがあります。

　そのほかに、各区役所の区の予算のページには、区CM（シティーマネージャー）自由経費というものも載っています。これは、区長が、市役所本局の事業で、自区内で実施される事業について予算を調整するというものです。港区の場合、2017年度で約20億円です。

　大阪市の区役所は、実際にお金が必要な事業権限は小さいことがわかります。つまり、区役所は窓口サービスや本局の事業への橋渡しで、実際に予算が必要な行政サービスは本局で行うという分担になっていました。これを「小区役所主義」と言います。

　区役所でどのような仕事を行うかは、条例で決めることになっており、自治体によって異なります。道路や公園の建設、保育所

の運営を区役所の仕事にしている指定都市もありますが、その場合は、区の予算も大きくなります。

　区役所でどのような仕事をするのかは、市で決めることができるのです。総合区では、コミュニティ政策が義務となりますが、これは大阪市を含めて多くの市ですでに行われていることです。総合区を導入しないと身近な区役所に権限や予算を下ろせないということではありません。

(4) 区長は誰がなっているの？どうやって決まるの？

　総合区になると区長の選び方が変わり、リコールも可能になります。しかし大阪では、橋下市政以降、区長は全員公募制になりました。民間人にも門戸を開放しました。任期は基本的に4年とされています。総合区ではありませんので、市長も加わった選考チームが選んだ人材を任期付き一般職員として採用、区長として任命します。

　区長の仕事は、区役所の長としての仕事と、先の予算のところで少し触れた「区シティーマネージャー」としての仕事との2つがあります。これも橋下市政から始まった制度で、区長が区の中で実施される本局の事務を監督するという立場です。

　これらの公募区長の仕事ぶりは評価が分かれます。区の地域資源を掘り起こし、イメージ向上につなげた区長もいた一方、会議を欠席してばかり、部下にセクハラ、ツイッターで暴言等、「問題」区長が複数あらわれたのも厳然たる事実です。

3 大阪市の8区総合区「区割り案」とは？

(1) 8区に再編し一般市並みの権限をもつ「総合区」

　大阪市の区役所の現状がわかったところで、2017年3月に大阪市が決定し、公表した「総合区8区案」を見ていきましょう。

　1 - (3)で述べたように、合区と総合区は、次元が違うし、本来は無関係のものです。合区は総合区の条件ではありませんし、その逆もしかりです。あえて結びつけるとすれば、総合区で市の権限をある程度総合区に降ろすので、市職員を総合区に移管する必要が出てくる、その際に24区に割り振るのでは職員の減少につながらない、8区なら効率的だという、効率優先の考え方が根底にあると言えるでしょう。

　なお、本稿の執筆時点（5月末）では、決まっているのは8区「区割り案」だけです。8区の名称や区役所の位置、事務権限、市会議員定数、その他、合区のために必要な事柄は何も決まっていません。

　ここで、「区割り案」に至る経緯を振り返っておきます。

　2016年8月に大阪市が開始した24区での住民説明会で、総合区がどのような権限を持つべきかについて、A案（現行事務＋α）、B案（一般市並み）、C案（中核市並み）として、それぞれ5区、8区、11区に統合という案を掛け合わせたものが検討対象として発表されました。その後、区長会議において2017年の2月末から3月にかけて了承されたのが、「8区に統合して、一般市並みの事務を担当する。8区を総合区として創設し、地域自治区（地域協議会）を設置する」という基本的な考え方でした。

(2) 区割りの基準はどのようなものだったか

　区割りを決めるときの具体的な考え方（視点）は次の5点です。
　①「各総合区における将来（平成47年・2035年を想定）の人口規模を30万人程度とし、各区間の人口格差は最大2倍以内とする」、②「これまで地域において築きあげてきたコミュニティを考慮し、過去の合区・分区の歴史的な経緯を踏まえる」、③「総合区内における住民の円滑な移動や住民間の交流を確保できるよう、鉄道網の接続や商業集積を考慮する」、④「工営所、公園事務所など、既存の事業所をできる限り活用する」、⑤「災害対策について、緊急時には全市的な対応が必要となるが、防災上の視点についても考慮する」となっています。
　ここでも基本的に、行政の論理が貫かれています。②は一見して、これまでの経緯や歴史性を尊重することのように見えますが、区民にとってより重要なのは、区を単位として築いてきた区民意識やコミュニティがどうなるか、ということではないでしょうか。

(3)「区割り案」をどうみるか？
──「区割り案」だけが出てくる議論の未熟さ

　現時点での「区割り案」が図表3－1です。まだ、8区の名前も区役所の位置も決まっていません。端的に言って区の名称や区役所の位置は揉めるもとだからです。
　区割り基準の②は、かつて同じ区だった住吉区と住之江区、淀川区と東淀川区、此花区と福島区などが別の総合区にならないようにということです。また商業集積は、キタ、ミナミ、阿倍野地区を一体として同じ区に入るようにするということです。ところが、京阪・JR・地下鉄など4線が集まる京橋地区は3つの区にわ

第3章　合区の意味と問題点

図表 3-1　総合区の区割り案

区割り案【考え方】：各総合区における将来推計人口 30 万人程度（2035 年度時点）、地域の結びつき（コミュニティ、交通、商業集積）、既存事業所の活用、防災の視点についても考慮して、総合的に検討して案を作成

A ・福島区・此花区・港区・西淀川区　4区
　・人口31万6千人（2035年 28万6千人）
　・福島区は旧此花区等より分離
　・JR 大阪環状線・東西線、阪神本線・なんば線が接続

B ・淀川区・東淀川区　2区
　・人口35万1千人（2035年 31万4千人）
　・淀川区は旧東淀川区より分区
　・十三工営所を活用
　・阪急京都線が接続

C ・北区・都島区・旭区　3区
　・人口32万人（2035年 29万7千人）
　・都島区は旧北区等より分離
　・梅田・大阪を主な駅として、地下鉄谷町線、JR 大阪環状線・東西線、京阪本線が接続

D ・東成区・城東区・鶴見区　3区
　・人口35万6千人（2035年 33万2千人）
　・鶴見区は旧城東区より分区
　・地下鉄長堀鶴見緑地線・今里筋線、JR 学研都市線が接続

E ・中央区・西区・大正区・浪速区　4区
　・人口32万人（2035年 31万2千人）
　・難波を主な駅として、地下鉄各線、JR 大阪環状線、南海本線、阪神なんば線が接続

F ・天王寺区・生野区・阿倍野区　3区
　・人口31万3千人（2035年 28万人）
　・天王寺・大阪阿部野橋を主な駅として、地下鉄谷町線・千日前線、JR 阪和線、近鉄大阪線が接続

G ・住之江区・住吉区・西成区　3区
　・人口38万9千人（2035年 31万1千人）
　・住之江区は旧住吉区より分区
　・地下鉄御堂筋線・四つ橋線、南海本線・高野線、阪堺電軌が接続

H ・東住吉区・平野区　2区
　・人口32万2千人（2035年 27万3千人）
　・平野区は旧東住吉区より分区
　・地下鉄谷町線、JR 大和路線が接続

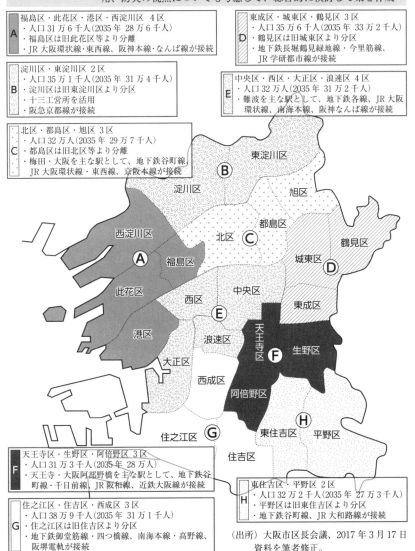

（出所）大阪市区長会議、2017 年 3 月 17 日資料を筆者修正。

かれたままです。また、工営所、公園事務所などハード整備の出先機関を例示して、その区割りを尊重することとしています。

区割りされて合区された区に一般市並みの事務権限を与えると決まっただけで、具体的にどんな政策が地域課題解決のために必要なのか、具体的な担当事務が決まる前に、区割りだけが先行してしまったと考えられます。

これは、地域課題を分析したうえで、各区で必要な政策やそのための事務権限・職員・財政的裏付け等を考えるという作業を経ずに案を作成した結果です。今後、事務権限を検討するにつれて、別の「区割り案」が出てくることも十分考えられます。

このように、総合区導入についての区民の合意もなければ、どのような総合区を目指すのか、地域の課題の分析やその解決のための権限についての考えなしに、合区の案だけが出てくるところに、この合区案の「未成熟」ぶりが見てとれます。要するに、「区割り案」が先に出てくること自体に無理があるのです。

(4)「区割り案」決定のプロセスに大きな問題

「区割り案」決定プロセスで重要なことは、大阪市のこれまでの歴史から見て困難なことと考えられる合区・区割り案を、区長会議という行政内部の検討だけで決定したということです。この案は住民に対してまだ説明されていません。大阪市の分区・合区の歴史を見ると、分区より合区の方がはるかに難しいのです。合区がなぜ困難なのかについてはあとで詳しく説明します。

なお、維新の会の内部では、2015年5月の住民投票の否決の原因としては区割りや区名が不評だったのではないかという分析があるようです。しかし本質はそこではなく、大阪市を解体し消滅

させ、権限や財源は大阪府に譲り渡すという、大都市自治の危機を感じて市民が反対したことにあったということを指摘しておきます。

また、大阪市の存在を前提として、市内全区を一斉に合区再編しようということも前代未聞といえます。

合区の目的が、総合区という制度の導入を目的としている点もこれまでの合区とは異なります。これまでの合区は、人口格差を縮小することによって、区役所の仕事をより平均化・効率化・画一化すること、すなわち市役所から見た区役所の管理の問題として行われてきました。結果的には、住民や地域社会の抵抗に遭い、市の思い通りにはすすまなかったという歴史があります。

それに対して今回は、総合区制度を導入して、指定都市の難点のひとつであった住民自治を拡充しようとする一方で、住民説明会での一方的な説明だけで行われていることは皮肉としか言いようがありません。しかも、その説明会では「区割り案」はまだ示されていなかったのです。

4 大阪市の区の移り変わり

合区の難しさについて考える前に、大阪市の行政区の移り変わりを簡単に見ることにします。そこから、大阪市における区の意味、今回の合区・総合区導入という議論がいかに特異なものかがわかります。

まず、これまでは指定都市の区という枠組みで区をとらえてきましたが、大阪市の区にはもっと長い歴史があります。**図表3-2**と**図表3-3**は、ともに市域の変遷と区の変遷を表したものです。

まず、区は市よりも長い歴史を持っています。
　明治維新の後、江戸時代の大坂三郷（北組、南組、天満組）は四大組を経て、1879（明治12）年に東西南北の4つの区ができました。これは、それぞれが独立した団体です。1889年に大阪市が発足します。大阪市はこの4区の区域で市になりましたが、それぞれは区会を持つ法人区でした。大阪市は、市長を府知事が兼任するなど中央集権的な制度で始まりました（3市特例、1898年廃止）が、実はこの4つの区の方が市よりも強い自治権を持っていました。大阪では、この都心部の4区（現在の中央区・西区・北区のうち旧大淀区域を除く部分）が市よりも長い歴史があり、区有財産をもったり学区として機能するなど市よりも自治権が強かったのです。
　そして、20世紀に変わる時期から大阪は都市化・工業化が進み、市域拡張を行うことになります。1897年に行われた第一次拡張では、市域は4倍、人口も25万人増え、75万人になりましたが、法人区は勅令で設置する制度だったため、市の判断で区を増やすことはできませんでした。
　1925（大正14）年には、東成郡・西成郡44ヵ町村を編入合併し、日本一の人口を有する大都市となりました。いわゆる「大大阪」です。市は過大になった既存市域の4区を8区に再編し、編入区域に5区を設置しました。ちょうど、関一市長がスプロール化を防ぐために周辺部での区画整理事業など先進的な都市政策を進めた時期です。このころ、大阪の自治が区主体から市主体に変化していきました。旭区と大正区の分区が1932（昭和7）年に行われた後、次に大きな分区が行われたのは、戦争末期の1943年、周辺区をさらに分区して22区としました。首都東京で東京都制が始まったのもこの年でした。

第 3 章 合区の意味と問題点

図表 3-2 大阪市域の変遷

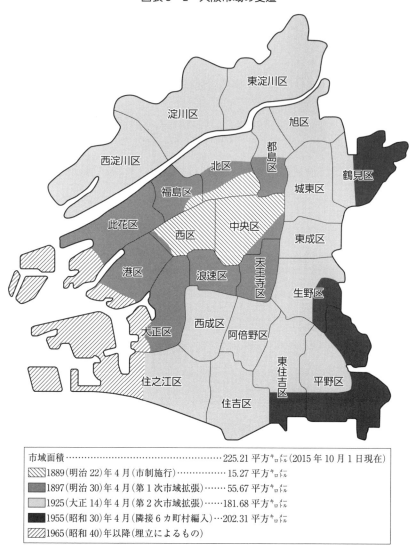

市域面積 …………………………………… 225.21 平方キロメートル (2015 年 10 月 1 日現在)
1889 (明治 22) 年 4 月 (市制施行) ……………… 15.27 平方キロメートル
1897 (明治 30) 年 4 月 (第 1 次市域拡張) ……… 55.67 平方キロメートル
1925 (大正 14) 年 4 月 (第 2 次市域拡張) …… 181.68 平方キロメートル
1955 (昭和 30) 年 4 月 (隣接 6 カ町村編入) … 202.31 平方キロメートル
1965 (昭和 40) 年以降 (埋立によるもの)

(出所) 大阪市ホームページ資料を修正

図表 3-3　大阪市

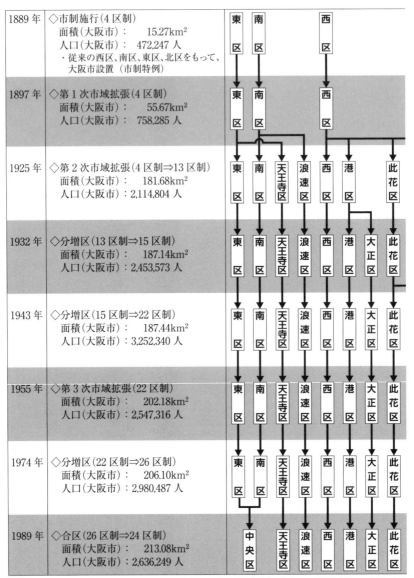

1889 年	◇市制施行(4 区制) 面積(大阪市)：　15.27km² 人口(大阪市)：　472,247 人 ・従来の西区、南区、東区、北区をもって、大阪市設置（市制特例）
1897 年	◇第 1 次市域拡張(4 区制) 面積(大阪市)：　55.67km² 人口(大阪市)：　758,285 人
1925 年	◇第 2 次市域拡張(4 区制⇒13 区制) 面積(大阪市)：　181.68km² 人口(大阪市)：2,114,804 人
1932 年	◇分増区(13 区制⇒15 区制) 面積(大阪市)：　187.14km² 人口(大阪市)：2,453,573 人
1943 年	◇分増区(15 区制⇒22 区制) 面積(大阪市)：　187.44km² 人口(大阪市)：3,252,340 人
1955 年	◇第 3 次市域拡張(22 区制) 面積(大阪市)：　202.18km² 人口(大阪市)：2,547,316 人
1974 年	◇分増区(22 区制⇒26 区制) 面積(大阪市)：　206.10km² 人口(大阪市)：2,980,487 人
1989 年	◇合区(26 区制⇒24 区制) 面積(大阪市)：　213.08km² 人口(大阪市)：2,636,249 人

※主たる区域の変遷を示したイメージ図であり、実際には、旧区のうちの一部区域がこの図とは異
（出所）大阪市区長会議 2017 年 3 月 17 日資料を修正

第3章　合区の意味と問題点

の行政区の変遷

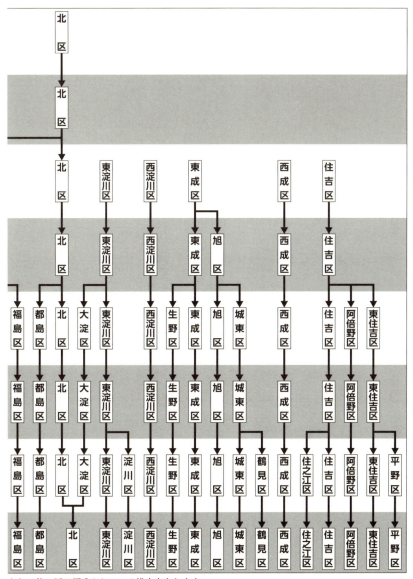

なり、他の区に編成されている場合もあります。

戦争で大阪市の人口は激減します。戦後、中小の町村は財政危機に陥り、1955（昭和30）年に大阪市は第3次市域拡張を行います。このときは、新区域に新区の設置は行われず、既存の区に編入されました。1956年に指定都市制度が創設され、大阪市は指定都市となりました。この後、大阪市は全国から人口が流入し、1965年ごろ人口のピークを迎えます。1965年以降、都心部の区では人口が停滞若しくは減少に転じたのに対して、周辺区では人口が拡大し続けました。そのため、区の間の人口規模の格差が拡大して、区民の利便性の公平と効率性の低下が問題となり始めました。

　1972年、市の行政区審議会は、人口過大な4区（東淀川区、城東、住吉、東住吉）を分区して8区に、人口過小な11区（「北、大淀」、「福島、此花」、「東、東成」、「西、港」、「南、天王寺、浪速」）を「　」の5区に合区する答申を発表しました。その答申を受けて、1974年に分区は実現し26区になりましたが、合区の方は実現しませんでした。合区対象区の赤十字奉仕団の強力な反対運動が起こるなど、地元、各種団体、政治家などの抵抗が激しかったからです。その反対の理由は、住民感情を無視した合区であること、法人区以来の由緒ある区名がなくなること、昼間人口の多さを無視して夜間人口だけが基準とされたこと等でした。

　また、1975年には大阪市で地域振興会が発足します。町会です。区役所主催で区民祭りが始まったのもこのころであり、区役所がコミュニティ政策の中心を担うようになりました。

　結局、合区は、答申から17年経った1989年、（旧）北区と歓迎のムードがあった大淀区が（新）北区に、激しい反対運動が展開された東区と南区が中央区となって部分的に実現することになりました。

人口が拡大しているときに、過大な区は区民の利便性を低下させるので、分区は受け入れられやすい一方、人口規模が少ない区の合区は、地名や区名への愛着、コミュニティ意識などから抵抗を受けやすいことがわかります。

今回の区割りは、全区一斉に行われますが、人口が減少しているわけではありません。むしろ都心区では人口が微増し、周辺区で人口減少が懸念される現状での合区は、今後大きな抵抗を受ける可能性があります。それは、これまでの行政区でコミュニティがどのくらい根付いているかの試金石にもなります。

5　合区の論点と今後の検討のプロセス

(1) 合区にはハードルや課題が多い

大阪市の行政区再編の歴史に学びつつ、今回の合区・総合区案の問題点を考えてみましょう。

まず、今回の合区は総合区という制度を導入するために行われるという特徴があります。これまでの大阪市の分合区は、人口規模の格差をならすこと、住民サービスの利便性を向上する目的から行われました。加えて、今回の合区は初めて全市一斉に行われるという特徴があります。それだけに、合区に伴うあつれきはあちこちで起こることになるでしょう。

第2に、合区の理由として、合区による効率化が必要という考え方があげられています。

そこでよくいわれることが、大阪市の区が小さいという主張です。図表3-4をみて下さい。たしかに、人口で見ると大阪市の区は横浜市の区の半分の規模です。しかし、昼間人口になると格差

図表3-4　大阪市と横浜市の区の比較（下段は1区あたり）

	行政区数	常住人口	面　積 (平方キロ)	昼間人口 (中心性)	生活保護 受給人員 (福　祉)	事業所数 (経　済)
大　阪　市	24	2,687,028	225.21	3,538,576	149,118	209,636
		111,960	9.38	147,441	6,213	8,735
横　浜　市	18	3,711,631	437.49	3,375,330	70774	123277
		206,202	24.31	187,518	3,932	6,849
大阪市／横浜市	1.33	0.54	0.39	0.79	1.58	1.28

(出所)　大都市比較統計最新版より作成

は小さくなりますし、行政による政策の対象である生活保護受給者や事業所数をみると、大阪市の区の方が大きいことがわかります。

　人口規模だけをみるのではなく、都市の性格にもとづく行政ニーズの質や量から区のあり方を考える必要があるのです。また、市の中での区の違いにも気を配る必要があります。大阪市内でも、中心区と周辺区、開発時期の新旧、住工混在地区、木造住宅が密集している地区等々、様々な地域の特性を示しており、行政執行にあたってもきめ細かな視点が必要とされます。やみくもに性格の異なる地域を合わせて大きな区を作るべきではありません。

　第3に、区の仕事をどのようなものにするかも重要な論点です。現在の区の仕事は、窓口サービス、まちづくり・コミュニティ、保健・福祉が主なものですが、区の広がりと、区の仕事がマッチしたものにする必要があります。一般市並みなら、小中学校の運営、保育所・幼稚園、公園・道路管理などが想定されますが、どのようなものにしていくか議論が必要です。

　第4に、住民にとって不便にならないかということです。これが最大の関心事かもしれません。窓口サービスについては、現在

の区役所をそのまま活用するようです。しかし、長期にわたってこの状態が維持されるかは不明です。また、現在の区は地域自治区にすることを検討するとしています。これは、まちづくりについての意見を言う仕組みですが、次に見るように選挙は合区した区を単位として行いますから、住民参加の枠組みと政治の単位（選挙）としての区の枠組みがずれるという問題が生じます。

　第5に、合区で選挙の単位が変わるという問題です。これは、政党や行政の説明会では絶対に触れられない問題ですが、過去の大阪市の行政区の分区・合区では、政治家からの介入が少なくなかったようです。

　公職選挙法は、指定都市の区を単位として地方議会選挙を行うことと定めています。定数削減論を脇に置いて考えると、現在2人〜6人の定数で行われている市会議員選挙は9〜13人の大選挙区になります。また、市内では1人〜2人の、区によっては2区で1人という場合もある府会議員選挙は3〜4人という定数になります。これだけで選挙のあり方に変化が生じます（図表3-5）。考えられるのは、個人後援会頼みの選挙では合区後の広い選挙区に対応しにくくなりますし、定数が少ないため票数がそろわなかった政党候補が組織を通じて合区後の区全体に支持を拡げて当選というケースも出てくることです。また、「8区割り案」では、衆議院の小選挙区割りとの整合性がとれていません。この調整はどうするのでしょうか。

　第6に、合区後の住民参加の仕組みをどのように整えるかという問題です。仮に地域自治区を現行の区に設置するなら、市長が任命した委員で構成し、地域自治区で行う市や総合区の事業について意見を言う仕組み（地域協議会）をおくことが必要になります。

図表 3-5　合区案と選挙区 （市会・府会は定数、衆院は選挙区名）

区割り	現区名	市会	府会	衆院【新】	区割り	現区名	市会	府会	衆院【新】
A	福島	2	1	大阪4区	E	中央	3	1	大阪1区
	此花	2		大阪5区		西	3	1	大阪1区
	港	3	1	大阪1区		大正	2	西成と2	大阪3区
	西淀川	3	1	大阪5区		浪速	2	1	大阪1区
B	淀川	5	2	大阪5区	F	天王寺	2		大阪1区
	東淀川	5	2	大阪5区		生野	4	1	大阪2区
C	北	4	1	大阪4区		阿倍野	3	1	大阪2区
	都島	3	1	大阪4区	G	住之江	4	1	大阪3区
	旭	3	1	大阪6区		住吉	5	2	大阪3区
D	東成	3	1	大阪1区		西成	4	大正と2	大阪3区
	城東	5	2	大阪4区	H	東住吉	4	1	大阪2区
	鶴見	3	1	大阪6区		平野	6	2	大阪2区

（注）市会は、次回選挙の定数（86人→83人に3増6減）、衆院選挙区も次回選挙区からの新区割（筆者作成）

現行の区政会議が総合区にもおかれるのかは不明です。

　総合区は、住民自治の強化の仕組みのはずであるのに、住民自治を充実させる議論が後回しになっているのは理解に苦しむところです。総合区1区あたりの市会議員は10名程度になりますので、市会の中に総合区ごとに常任委員会（準「区議会」）を設置して区選出の市会議員が総合区の行政をチェックする仕組みが必要になると思いますが、この議論もまだ始まっていません。

　このように、合区した上で総合区を導入するプロセスには数多くのハードルが待ち構えています。また、「区割り案」以外については示されていないことを考えると、制度導入にあたり決定すべきことがらは非常に多いと言わなければなりません。

　私たちが住む大阪市の自治の仕組みを考えることは大切なことですが大きなエネルギーを割く余裕があるでしょうか。合区を伴

わない総合区の一部での試行や、行政区のままで運用を改善することで、住民自治を充実させていくことのほうが結局確実かつスマートなやり方かもしれないという視点を持つ必要があります。

(2) 合区についての住民の意見表明は？

2017年5月の市会で法定協の設置が決まりました。規約には、特別区設置に関して必要な範囲で総合区の議論もできることとなっています。「必要な範囲で」というのは、大都市地域特別区設置法では、法定協の役割は特別区設置協定書の作成に限定しているためです。

これで、法定協での総合区議論は、特別区の比較対象にすぎないということが明らかです。総合区が大阪市を残すためのものであるという前提はどこかに行ってしまった感じがします。

したがって、法定協での総合区議論は、指定都市大阪市のメリットを活かす住民自治のための議論にならないことは容易に推測できます。

ここで重要なのは議会の議論であり、それを注視しつつ意見を伝える市民や運動の役割です。

そもそも、総合区は、大阪市の内部で議論し決定できる改革のはずです。府の知事や議員がいる場で議論し、決定するべきものではありません。松井知事が思わずホンネをもらした、「特別区設置の住民投票が先で、それが否決されたら総合区を導入する」というプロセスは、論理的に認められるものではありません。同時に、法定協設置に対する態度、総合区設置に対する態度、法定協で作成される可能性がある協定書への態度は、論理的に矛盾しない態度をとっているかについて法定協委員や市会議員の態度表明

をチェックする必要があります。総合区にも特別区にも両方とも賛成ということはあり得ません。前回にみられたことですが、特別区には反対だが住民投票には賛成ということで協定書に賛成するようなことは政治家としての職務放棄に等しいことを指摘したいと思います。

それに加えて、大阪市の区は、歴史的経過から見ても、実際上も、単なる行政区画や市の出先機関ではなく、区を中心にコミュニティ意識が育まれ、生活圏を形づくり、選挙を通じて区民の政治意思も形成される、準自治体のような存在であり、その合併や分割に区民の意見を反映することは必要なプロセスです。

このように、行政区の合区や、総合区の導入は市が独自に決定できることであり、徹底的に市で議論をすることが重要です。特別区の議論のスケジュールにあわせる必要はなく、むしろ、合区や総合区の是非の議論を優先するべきです。

それから、行政区や総合区の制度導入や再編成は、何度でもやり直しが可能ですが、特別区は片道切符です。

今後、大阪市による総合区案が出てきたときに、それが大阪市の存続を前提とした改革であるということを確認しながら、その内容をよく吟味することが大切です。いうまでもなく特別区設置は2015年5月17日の住民投票で否決された方向であって、他の選択肢が議論される前に優先して再検討するようなものではないからです。

では、合区についての意見を伝える方法としてはどのようなものがあるでしょうか。

第1の方法は、区選出の議員に連絡する方法です。自分が支持する議員がいない？ それは関係ありません。市議会議員は、市

民全体の利益をはかるためにいるので、支持者であろうがなかろうが、意見を聞いた上で、自らの判断で議会での採決行動に臨むべきです。また、市政の課題について、議員が有権者に説明する責任もあります。区選出議員が党派を超えて、合区についての勉強会・報告会を開くことを求めましょう。

　２つ目は、区政会議の議題に載せることです。各区役所では、各区役所の事業について公募委員を含む住民の代表から意見を聞く区政会議を持っています。委員は募集時期があるのですが、区民は区政会議を傍聴することができます。また、委員は30人ほどいるので、１人ぐらいお知り合いがいると思います。その人を通じて、合区案について区政会議で取り上げることを提案するのです。区役所事業にとって重要な案件であることは明らかで、議題として取り上げられないことは考えられません。

　３つ目の方法は、区役所が出前講座のようなものを開いている場合に活用することです。ただしこれは、意見を言う場ではなく、学ぶ場ということが趣旨のようです。合区案について、説明してほしいと要請して、学んだあと意見を伝えることは十分可能でしょう。

　いずれにしても、合区というのは、大阪市民の生活にとって重大な意味を持つことがらです。しっかりと考えていくことが大事です。

第4章 住民自治の発展を
~いま問われていること~

森　裕之

1　副首都推進局による「説明」の問題点

　大阪府と大阪市は、「副首都・大阪」をつくるために、2015年12月に副首都推進本部を設置しています。この会議体で「副首都」のあり方（「副首都とは何か」も含めて）について議論されるのですが、その土台となる事務作業を担っているのが副首都推進局です。

　副首都推進局は大阪府と大阪市が2016年4月から共同設置している部局です。これは、2015年5月17日の大阪都構想の住民投票までの間に事務作業を行ってきた府市大都市局の後継組織と位置づけられるものです（府市大都市局は2015年6月30日付けで廃止）。副首都推進局の職員体制も大阪府・市から50名ずつが配置されており、規模の点においても府市大都市局と同じです。つまり、大阪府・市においては、あの住民投票にいたるまでの過程が現実に再現されているのです。

　副首都推進局は、「総合区・特別区（新たな大都市制度）に関する意見募集・説明会」を2016年8月から2017年2月にかけて、大阪市の各行政区で1回ずつ、合計で24回開催しました。そこでは

『総合区・特別区（新たな大都市制度）に関する意見募集・説明会資料』（以下、「資料」）が配布され、それに基づいて大阪府・市が考えている総合区や特別区についての説明がなされました。ただし、特別区については、2015年の住民投票までに配布された住民説明会用のパンフレットなどを抜粋したものだけが「資料」の中に綴じられています。そこで以下では、今回あらたに示された総合区を中心にみていきたいと思います。

「資料」において、総合区の制度は次のように説明されています。

○総合区制度は、政令指定都市において、<u>住民自治を拡充（住民意思を的確に反映し、地域の実情に応じた住民サービスをより身近な区役所で実現）</u>するため、現在の行政区長の権限を強化させた区制度です。

○議会の同意を得て選任される区長（特別職）を置き、区の区域内に関する事務を、区長が総合的かつ包括的に執行することになります。

（下線は筆者）

ここでまず確認しておくべきことは、総合区の目的が「住民自治」の拡充に置かれているという点です。住民自治とは、「住民参加」に基づいて、住民の意思に沿った自治が行われることを意味する言葉です。その点では、「資料」の説明にある「住民意思を的確に反映」というのは、たしかに住民自治のことを述べています。

ところが、そのあとに続く「住民サービスをより身近な区役所で実現」というのは、行政による事務執行の話であって、住民自治とは直接的な関係がありません。もちろん、住民サービスが身近なところで実現される方が、行政によって迅速に対応してもらいやすいなど住民にとってのメリットがあるでしょう。しかし大事なことは、総合区の目的はあくまで本来的意味での住民自治の

拡充なのであって、平たくいえば住民がさまざまな形で地域の政治に関わるということです。

「資料」では総合区の主な事務として、①総合区の政策・企画の立案、②総合区のまちづくり等の事務、③市長の権限に属する事務のうち条例で定めるものを執行、という３つを示しています。これらをみれば、現在の本庁で行われている事務のいくらかが総合区に移譲されることがわかります。

この点について、総合区制度を定めている地方自治法では、その事務を次のように規定しています。

①総合区の区域に住所を有する者の意見を反映させて総合区の区域のまちづくりを推進する事務（法律若しくはこれに基づく政令又は条例により市長が執行することとされたものを除く。）

②総合区の区域に住所を有する者相互間の交流を促進するための事務（法律若しくはこれに基づく政令又は条例により市長が執行することとされたものを除く。）

③社会福祉及び保健衛生に関する事務のうち総合区の区域に住所を有する者に対して直接提供される役務に関する事務（法律若しくはこれに基づく政令又は条例により市長が執行することとされたものを除く。）

④以上に掲げるもののほか、主として総合区の区域内に関する事務で条例で定めるもの

法律をほぼそのまま引用したために少しまどろっこしくなっていますが、あえてそうした理由は、各事務の後ろに付されたカッコ内の文言に着目しているからです。このカッコ内の文言が意味しているのは、総合区になれば今の本庁の局での事務のうち特定のものを自動的に引き受けるということにはなっておらず、それ

らは条例によって決めることができるということです。付言しておけば、①〜③までの事務以外でも、条例で定めれば総合区で実施することが可能であることを④の条項は示しています。つまり、本庁と総合区がどのように事務を配分するかは、すべて当該市の条例で決めることができるわけです。

　ところが、「資料」ではそうした記述がなされておらず、とくに「市長の権限に属する事務のうち、条例で定めるものを執行」というかたちで、現在の区に一方的に事務負担がのしかかってくる印象が与えられています。それは、先ほどみた「資料」が住民自治の説明として「住民サービスをより身近な区役所で実現」という要件を記載していたこととセットになっているものです。

　実はこれらのことが、大阪市における「合区」が制度の設計と説明に狭猾に前提されていることにつながっているのです。これは総合区という制度を無理矢理に合区へともっていくために用いられているトリックだといっても過言ではありません。

2　政治と行政による「刷り込み」

　このような論理上のトリックから、「資料」では大阪市を存続させる総合区の説明においても、最初から「合区ありき」の案しか示していません。

　「資料」は、「総合区の設置とその事務の拡充にあたっては、効率性を考え、合区を前提」とするとしています。そして「資料」は、総合区で担われる事務レベルのイメージとしてA案（現行事務＋限定事務（＝住民に身近な事務））、B案（一般市並み事務）、C案（中核市並み事務）の3つの案を作成しています。ここで中核市とは人

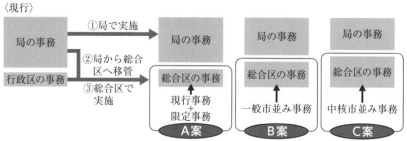

図表 4-1 局と総合区の事務の分担

(出所) 副首都推進局「資料」14 ページ。

口20万人以上の都市、一般市とは政令指定都市と中核市以外の都市を指しています。この3案は具体的な区の数と関係があるわけではありませんが、それぞれの案に応じて本庁（局）と区との間での事務分担が再配分されることになります。その大まかな姿を示したのが**図表4-1**です。

繰り返しになりますが、このA案、B案、C案と区数は関係がありません。たとえばA案でも大胆に5区ぐらいに合区して総合区にすることもできますし、現行の24区としてそのまま総合区にすることも可能です。

しかし「資料」では、「『事務レベル（案）』ごとに、『きめ細かい行政サービスの提供』や『行政の効率性』の観点から、区の規模を検証の上、3つの概案をお示しします」として、A案（8区・11区）、B案（5区・8区）、C案（5区）を提示しています。ちなみに、これらの区数は2035（平成47）年時点での大阪市の人口推計（約228万人）をベースに、1区あたり人口をそれぞれ20万人程度（11区）、30万人程度（8区）、45万人程度（5区）を前提として合区したものです。

ここで大切なことは、副首都推進局では総合区とは直接的な関

係が何もないにもかかわらず、「行政の効率性」の名の下に区への事務移譲と合区をセットにしているという点です。

　そもそも区への無理な事務移譲などせずに、現行の24行政区をそのまま総合区にすることも選択肢としてあってよいのです。また、あえて行政区に多くの事務移譲を行い、それが本当に住民サービスの向上につながるのであれば、財政負担をともなっても区の人員体制を増員することが必要です。さらにいえば、総合区などといった新しい制度を導入せずに、いまの行政区のまま権限を漸進的に強化していくことも重要な選択肢なのです。

　しかし、副首都推進局ではそのような選択肢は一切示さずに、あたかも合区が大阪市の改革の大前提であるかのような「刷り込み」を住民に対して行っています。

　副首都推進局が「説明」を続ける裏で、大阪府・市は住民の声を丁寧に聴くことなく、自らの結論として持っている「区割り案」を作成していきます。2017年3月3日の区長会議では「「区割り案」の作成にあたって」という資料が配付されました。そこでは「区数を『8区』、総合区が担う事務を『一般市並み』の事務とすることから、各総合区における将来（H47を想定）の人口規模を30万人程度とする」とされていました。そして、3月17日の区長会議ではこの8区案が全会一致で了承されます。

　ここで想起されるべきなのは、かつて橋下・維新の会が大阪都構想の実現へ向けて、大阪市を人口30万人規模の特別区をつくりだすために今の24区を8〜9に再編統合するとしていた点です。また、前回の住民投票においては、最終的に5区案に絞られる直前までは7区案といずれにするかの議論も行われていました。つまり、総合区における合区は特別区のそれときわめて密接な関係

がもたされているということです。そこにはとにかく大規模な合区を前提にした大阪市の改革を行うのだという政治の思惑が見られます。

住民にとって理解が容易ではない総合区や特別区といった制度の改革を、なじみの薄い言葉で語りながら、「いまの24行政区をそのまま存続させることはできません」といった一方的前提を住民に押しつけること——。これが今の大阪府・市のやり方だといえます。

3　区政会議との矛盾

このような合区を企図する一方で、大阪市では「ニア・イズ・ベター」（住民に近いところで行われる決定ほど望ましいとする理念）を掲げて、24行政区を重視した運営を進めてきました。その取り組みは区政会議と名付けられ、2011年7月から始まっています。

区政会議については2013年3月に制定された「区政会議の運営の基本となる事項に関する条例」でその内容がとりまとめられています。この条例で定められた区政会議の役割は、区長がその区内の施策や事業（基礎自治）について区民から立案段階から意見を集めて行政に適切に反映させること、そして、その実績や成果の評価についても区民から意見を聴くことだとされています。

区長が区政会議において区民から意見を求める具体的な事項としては、①区の総合的な計画に関する事項、②区の区域内の基礎自治に関する施策等のうちの主要なもの及びその予算に関する事項、③区の区域内の基礎自治に関する施策等のうちの主要なものの実績及び成果の評価その他区政運営の総合的な評価に関する事

項、の3つが示されています。

　さらにこれら以外にも、区長が基礎自治に関する施策等に関して必要と認めた場合には、区政会議において区民の意見を求めることができるとされています。

　要するに、区長に大きな裁量がありつつも、区に関係のある事務等のうち本庁所管以外のものに関しては、区民が計画から評価にいたるまでの段階で意見を発することができるのが区政会議です。

　また、区政会議の運営に関する全市的な統一基準としては「区政会議の運営の基本となる事項に関する条例」が2013年6月から施行されています。そこでは、区政会議に参加する区民（委員）の定数を10〜50人の範囲で区長が定めること、公募等によって選ばれる委員の定数が全体の10分の1未満であってはならないことなどが定められています。

　この区政会議は、本庁が所管する事務とされるものが対象外となっていることや、区長に権限が集中していて住民側の権限が非常に小さいことなどの欠点があります。しかし、大都市がその専門性・総合性・一体性の対価として抱える住民自治の弱さを補完しようとする試みとして、大阪市の区政会議の取り組みは評価できるものです。

　重要なことは、現行の24行政区に根ざして進められてきた区政会議の欠点を改善していき、「ニア・イズ・ベター」の理念に基づく住民参加を活性化していくことです。この場合の住民参加とは、区政会議の委員になるといった狭い意味ではなく、区政会議の仕組みを使って区民の声を広く届けて区政に反映させる営為全般をあらわすものです。

これまで行われてきた区政会議をみると、全体会議のほかに、福祉、教育、子育て、防災、安全・安心、まちづくりなど、住民の暮らしに最も関わりのある分野で各部会が設けられています。そこでは行政だけに頼りきるのではなく、自分たちの力でいかに地域を守っていくかということが真剣に議論されてきています。こうした住民と行政との対話と協力の関係を積み重ねていくことこそが、少子高齢化・人口減少の中にあっても安心して暮らせる地域を持続させる鍵となるものです。

　このような取り組みが、歴史を重ねてきた24行政区の単位で進められていることが重要なのです。そこには上から作図するかのような感覚とは異なった、暮らしや社会の実相からわき起こってくる下からの声があるからです。

　このような24行政区で進められてきた区政会議の取り組みをたった数年で捨て去ってしまうというのはいったいどういうことなのでしょうか。しかも、そこには何らきちんとした総括がなされていません。おそらく大阪市は「合区した場合には、いっそう充実した新しい区政会議の取り組みを進めます」などといった浮ついた言葉でごまかすことになるのでしょう。そこにはこれまで区政会議を中心としたさまざまな地域活動を行ってきた住民に対する敬意も何もありません。

4　大都市とコミュニティ

　上からの自治体改革だけで、住民が暮らす都市や地域が発展するなどということは決してありません。

　私たちはコミュニティの一員として、地域のことに関心をもち、

近隣の人々や行政などと協力し、誰もが尊厳をもって生きていける寛容な社会をつくっていかなければなりません。そのためには、住民一人ひとりが日々の暮らしを通じて感じたことを声として上げ、それらに対してはお互いの立場を正しく尊重しつつ耳を傾け、共に生きる者同士としての敬意を払いながら対話していかなければなりません。それこそが、「選挙こそすべて」といった全体主義の恐るべき思想に対する抵抗力となるものでもあります。

　日本は欧米諸国に比べてコミュニティ学習が決定的に欠けてきたといわれます。それは戦前の町内会・自治会が戦時動員されてきた歴史に根ざしています。コミュニティとは権力の下請け団体にすぎず、ボス支配の下で容易に政治利用されてしまうとみなされてきたのです。それが日本のコミュニティの抱える一面を指摘しているのも確かです。

　それと並行して、戦後の民主化は個人の「自由」を最大限に尊重することを是としてきました。それは個人の意思を大事にし、法律などのルールを犯さないかぎり、好きなように生きていくことを可能にしました。

　しかし、そのような個人の自由がコミュニティのような社会の紐帯を非常に脆弱なものにしたのは間違いありません。近隣の人たちを思いやったり、社会的弱者を大切にしたりといった、かつて多くの地域で残っていた善き慣習も消えていってしまいました。すべてが個人の問題であり、個人が解決できないのであれば自治体や国が制度で解決すべきだという考えが広がっていったのです。そこには住民自治という理念が入り込む余地が非常に小さくなります。

　このような住民の意識は、そもそも地縁・血縁関係の希薄な大

都市ほど顕著にあらわれることになります。大都市は住民同士のつながりやコミュニティ意識が非常に希薄であり、住民自治に基づいて自分たちが地域の主人公となって暮らしを営んでいくという姿勢がほとんどみられないという状況が広がっています。しかし、このような状況は、大都市自治体の財政ひっ迫、人口減少と社会的弱者の増加、コミュニティのない暮らしへの不満といった中で、大きな変化を求められています。大阪市における区政会議の取り組みもこのような大都市を取り巻く社会環境の変化に対応したものです。

　大阪市にかぎらず、世界の大都市は高度な一体的行政と分権的な住民自治をいかに両立させるかに腐心してきました。逆にいえば、そのような大都市特有の矛盾に向き合ってこなかった都市自治体は、大都市のあり方について真剣に考えてこなかったところだといっても過言ではありません。大阪市においては、平松市長以来の大阪市政においてようやく住民自治の強化へ向けた取り組みが本格化してきたといえます。これが24行政区を基礎にして進められてきたことは、歴史的な存在としてのコミュニティとの関係においても重要なことだったのは間違いありません。

　総合区にせよ特別区にせよ、現在のような合区を前提にした上からの制度改革は、住民自治を無視しているという点において大きな問題をはらんでいます。

5　住民自治の発展を

　いまの大阪市に求められるのは、住民が求めてもいないような合区を前提とする総合区や特別区の選択を迫ることではありませ

ん。2015年の住民投票の結果をうけて、いまの大阪市の存続の枠組みにおいていかに住民自治の活性化をはかっていくのかを考え、現実の取り組みとして展開していくことこそが求められています。

その萌芽は区政会議などにみられるものであり、それ以外にも市内各地で取り組まれているさまざまな地域活動があります。それらは合区のような制度改革によって活性化するものではありません。もっと住民による自生的な取り組みが必要です。行政が進めるべきなのは、住民自治が展開できる公共の場を提供し、その活動のための継続的な支援を行っていくことです。

すでに大阪自治体問題研究所が発刊してきた多くの研究が明らかにしているように、大阪市を廃止・解体・従属化する大阪都構想（＝特別区）には政策合理性はまったくありません。それは単に政治家の実行力誇示のためだけの手段にすぎず、そのために歴史的な大都市がつぶされ、住民生活を大混乱させるものです。

合区ありきの総合区と特別区という二者択一を迫る大阪府・市のやり方は、論理的に狡猾なものであるだけでなく、住民をないがしろにしています。住民自治という視点から、いまの24行政区をベースに将来の大阪市のあり方を住民全体で考えていくことが何よりも必要です。そのためには少なからぬ時間が必要であることは不可避であり、それ自体が目的ともいえるのです。

本当の自治体改革とは、結果ではなく過程こそが重要なのです。たとえ最終的に行き着いた結果が同じものであっても、その過程がどのようなものであったかによって、その改革の是非が変わってくるのです。

いまの合区問題に引きつけていえば、住民が時間をかけて話し合って出された結論が同じような合区であれば、それに基づく自

治体改革は都市の発展を意味するでしょう。それは住民自治に基づいて、住民が本当の意味において都市やコミュニティの未来をつくりだしたことにほかならないからです。逆に住民無視の合区は最悪の自治体改革だといっても過言ではありません。そこには何の公民的・理性的な根拠もないまま、自治体が自らの手で区というコミュニティを破壊する結果だけが残ってしまうからです。

　いま大切なことは、時間をかけて住民が大阪市の将来のあり方を考えていくことです。現在の大阪府・市による住民投票ありきのやり方は、そのような住民自治とは真っ向から対立するものです。

　大阪の政治は、自らの利権で都市や住民をもてあそぶのではなく、その社会正義の本性に立ち返らなければなりません。そこにしか、大阪を破壊から救う糸口はありません。

〈著者〉
冨田宏治　関西学院大学教授、大阪自治体問題研究所理事（第1章）
梶　哲教　大阪学院大学准教授、大阪自治体問題研究所理事（第2章）
柏原　誠　大阪経済大学准教授、大阪自治体問題研究所理事（第3章）
森　裕之　立命館大学教授、大阪自治体問題研究所副理事長（第4章）

〈編者〉　一般社団法人 大阪自治体問題研究所
〒530-0041 大阪市北区天神橋1-13-15 大阪グリーン会館5F
TEL 06-6354-7220　　FAX 06-6354-7228
http://www.oskjichi.or.jp
E-mail:oskjichi@oskjichi.or.jp

初歩から分かる　総合区・特別区・合区
2017年 7月25日　初版第1刷発行

　　　　　著　者　冨田宏治・梶　哲教
　　　　　　　　　柏原　誠・森　裕之
　　　　　編　者　大阪自治体問題研究所
　　　　　発行者　福島　譲
　　　　　発行所　㈱自治体研究社
　　　　　　　　　〒162-8512 新宿区矢来町123 矢来ビル4F
　　　　　　　　　TEL：03・3235・5941／FAX：03・3235・5933
　　　　　　　　　http://www.jichiken.jp/
　　　　　　　　　E-Mail：info@jichiken.jp

ISBN978-4-88037-670-7 C0031　　　　　　　　デザイン：アルファ・デザイン
　　　　　　　　　　　　　　　　　　　　　　　印刷：モリモト印刷㈱

自治体研究社

人口減少と公共施設の展望
――「公共施設等総合管理計画」への対応
中山　徹著　　定価（本体1100円＋税）

民意に反した公共施設の統廃合や民営化が急速に推し進められている。地域のまとまり、まちづくりに重点を置いた公共施設のあり方を考察。

人口減少と地域の再編
――地方創生・連携中枢都市圏・コンパクトシティ
中山　徹著　　定価（本体1350円＋税）

地方創生政策の下、47都道府県が策定した人口ビジョンと総合戦略を分析し、地域再編のキーワードであるコンパクトとネットワークを検証。

地方消滅論・地方創生政策を問う [地域と自治体第37集]
岡田知弘・榊原秀訓・永山利和編著　　定価（本体2700円＋税）

地方消滅論とそれにつづく地方創生政策は、地域・自治体をどう再編しようとしているのか。その論理と手法の不均衡と矛盾を多角的に分析。

人口減少と大規模開発
――コンパクトとインバウンドの暴走
中山　徹著　　定価（本体1200円＋税）

国家戦略特区をはじめ新たな公共事業政策、リニア中央新幹線、長崎・北陸新幹線の沿線整備、MICEによる国際会議・展示会の誘致、立地適正化計画による都心開発など、大規模開発計画が乱立している。この現状を分析して、人口減少時代にふさわしいまちづくりとは何かを考察する。

日本の地方自治　その歴史と未来 [増補版]
宮本憲一著　　定価（本体2700円＋税）

明治期から現代までの地方自治史を跡づける。政府と地方自治運動の対抗関係の中で生まれる政策形成の歴史を総合的に描く。[現代自治選書]